HENRI

DU BOISHAMON

Chevalier de St-Louis & de la Légion-d'Honneur

SA VIE A TRAVERS LA RÉVOLUTION & LA TERREUR

Ses Services dans l'Armée Catholique et Royale de Bretagne.

Ses Services à l'Armée d'Italie, dans la 30e demi-Brigade, depuis Octobre 1797 jusqu'en Février 1802.

CE QU'IL FUT PENDANT ET APRÈS LA RESTAURATION.

(Notes recueillies sur Documents authentiques.)

DINAN

J. BAZOUGE, IMPRIMEUR-LIBRAIRE-ÉDITEUR.

1880.

HENRI

DU BOISHAMON.

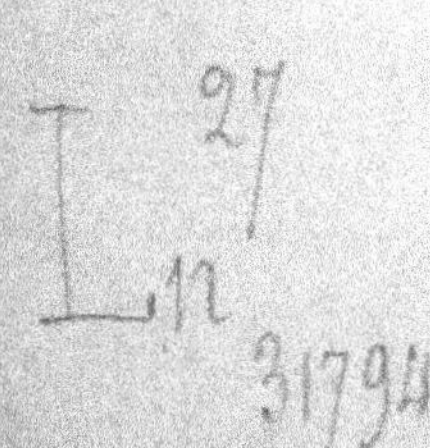

HENRI
DU BOISHAMON

Chevalier de St-Louis & de la Légion-d'Honneur.

SA VIE A TRAVERS LA RÉVOLUTION & LA TERREUR

Ses Services dans l'Armée Catholique et Royale de Bretagne.

Ses Services à l'Armée d'Italie, dans la 30e demi-Brigade, depuis Octobre 1797 jusqu'en Février 1802.

CE QU'IL FUT PENDANT ET APRÈS LA RESTAURATION.

(Notes recueillies sur Documents authentiques.)

DINAN

J. BAZOUGE, IMPRIMEUR-LIBRAIRE-ÉDITEUR.

1879.

HENRI
DU BOISHAMON.

CHAPITRE Ier.

Le Manoir de la Lande, avant la Révolution. — L'Émigration. — La Jeunesse Militaire de Henri du Boishamon.

Au manoir de la Lande, situé dans la paroisse de Montauban-de-Bretagne, vivait, en 1776, Geoffroy du Boishamon, gentilhomme de la vieille roche, qui continuait dans cette résidence, d'où il ne sortait guère que pour aller prendre son rang aux séances des Etats, les traditions d'une longue suite d'ancêtres, dont le blason, d'après des documents certains, remontait au moins à l'an 1050. Bien qu'il n'eût fait que des études assez superficielles, sa société était fort recherchée, parce qu'il possédait un esprit des plus fins, des plus déliés. Il y joignait des manières d'une rare distinction.

Une bonté toute paternelle envers les personnes sous sa dépendance, à quelque titre que ce fût ; une vie patriarcale au milieu de bons paysans qu'il traitait le plus souvent comme gens de sa famille, telles étaient les principales habitudes qui lui étaient communes avec Dame Héloïse-Henry de La Riollaye, sa femme, à qui il laissait le libre exercice des œuvres de piété et de bienfaisance dont, depuis des siècles, la Lande était le centre dans toute la contrée.

Ils pratiquaient tous deux, avec une politesse exquise et une affabilité sans pareille, la plus cordiale hospitalité à l'égard des habitants des châteaux voisins, que de fréquentes invitations allaient convier pour des réunions, dont le but ordinaire était la chasse, plaisir favori de Geoffroy du Boishamon, renommé à juste titre pour un chasseur des plus habiles, et assurément des plus infatigables, puisqu'à plus de quatre-vingt-trois ans, la veille de sa mort, il donnait encore des preuves d'une ardeur toute juvénile pour cet exercice.

Le 4 mai de cette même année 1776, il lui naquit un fils aîné, qui fut nommé Henri, et dont la naissance fut successivement suivie de celle de deux autres frères, Joseph et Pierre.

Henri et Joseph — ce dernier plus jeune d'un an — furent envoyés, le 8 janvier 1790, à l'école d'artillerie de Metz. Mais le régime révolutionnaire qui l'envahit dès l'année 1791 ne leur permit pas d'y continuer les études par lesquelles devaient leur être ouvertes les portes de la carrière militaire.

Avant d'entrer à l'école d'artillerie, Henri du Boishamon avait fait d'excellentes humanités dans l'établissement dit *l'Hôtel des Gentilshommes*, fondé, en 1748, à l'hôtel de Kergus, rue Saint-Thomas, à Rennes, en faveur des enfants des familles nobles ne possédant qu'une moyenne fortune. (1)

Le châtelain de la Lande avait rappelé les deux petits artilleurs au foyer paternel. Il était alors âgé de trente-huit ans. Il avait pensé que les bois de haute futaie qui entouraient de trois côtés sa demeure l'eussent dérobé, lui et sa famille, aux investigations vexatoires que commandaient dès lors l'espionnage et la délation, puissances redoutables de cette époque ; il avait cru qu'une douve profonde au midi, un étang à l'ouest, eussent été de suffisants obstacles aux invasions désagréables de quelques municipaux zélés, épris de leurs nouvelles fonctions ; mais il fut bientôt détrompé et put juger combien étaient illusoires ses espérances de quiétude, au milieu du mouvement d'agitation qui se manifestait partout.

Si, en émigrant, beaucoup de Français voulurent pourvoir à leur propre salut, poursuivis qu'ils étaient par le fer et par le feu, la question d'honneur et de

(1) En 1789, cet établissement était dirigé par l'abbé Le Forestier, ecclésiastique d'un mérite supérieur.

Depuis longtemps cette maison sert de caserne.

devoir était, pour le plus grand nombre, le motif déterminant.

C'est pourquoi Geoffroy du Boishamon crut qu'il devait au moins un de ses fils aux Princes qui avaient déployé sur la frontière le vieux drapeau national. Il remit donc cent écus à l'aîné et l'envoya sous la conduite d'un officier de marine, le chevalier de la Monneraye, prendre rang, comme volontaire gentilhomme, dans l'infanterie du corps de la noblesse de Bretagne, réunie à Witlich, petite ville de l'électorat de Trèves.

Henri du Boishamon assistait au siége de Thionville, en septembre 1792. Il se trouvait à quelques pas seulement du chevalier de La Baronnais, quand celui-ci, envoyé à la tête d'une compagnie pour repousser une sortie de la garnison, fut atteint à la tempe et tué raide par le ricochet d'une balle qui avait frappé d'abord sur le fusil du célèbre vicomte de Chateaubriand. Henri du Boishamon aida même à enterrer le mort, et, à peine le corps du chevalier de La Baronnais fut-il déposé dans une fosse creusée à la hâte au pied d'un arbre isolé, qu'un obus lancé de la place tomba dans cette fosse et mutila de nouveau le cadavre qu'on venait d'y déposer, avant qu'on eût eu le temps de le recouvrir de terre.

Il semblait que, ce jour-là, le ciel et la terre se fussent donné le mot pour concourir à qui ferait le plus de bruit, car à la canonnade s'était joint, depuis plusieurs heures, un effroyable tonnerre, et presqu'au même instant où M. de La Baronnais recevait, pour ainsi dire, la mort une seconde fois, la foudre, éclatant avec un fracas épouvantable, déchirait du haut en bas l'arbre solitaire dont il vient d'être parlé.

Un autre jour que Henri du Boishamon montait la garde sous une pluie de bombes, partant des murailles de Thionville, le marquis Denys-Charles de Saint-Genys, officier aux chevau-légers, remarquant qu'à chaque explosion bon nombre de jeunes émigrés, encore peu habitués à cette infernale musique, baissaient involontairement la tête, s'élança sur le haut du fossé d'une batterie, et, se tenant debout, l'épée nue, sous cette grêle de projectiles, il leur cria :

« — F..... d'honneur, Messieurs, je crois que vous » n'aimez pas la bombe. »

Le marquis resta dans cette position, continuant ses plaisanteries, sans recevoir la moindre égratignure, tant que dura le feu des assiégés.

Après le licenciement de l'armée des Princes, Henri du Boishamon se dirigea vers Bruxelles, où il trouva une trentaine de compatriotes bretons, qui le pressèrent vivement de les accompagner à Ostende, d'où ils devaient se rendre en Angleterre. Il refusa obstinément de se joindre à eux et ce refus était une bonne inspiration, car ces malheureux gentilshommes se noyèrent tous dans la traversée.

Mais, s'il avait échappé à la mort, la perspective d'une vie pleine de misères s'ouvrait alors devant lui; il se trouvait seul, à seize ans, sur une terre étrangère, frappé par les plus sévères lois de proscription, lois qui lui fermaient les portes de sa patrie.

Un beau matin, ne possédant plus que trois francs dans sa poche, il se promenait dans une rue de Bruxelles, se demandant ce qu'il allait devenir, quand, par un bonheur tout providentiel, il rencontra l'officier de marine sous la conduite duquel il était venu à l'armée des Princes. Ce dernier fit admettre Henri du Boishamon comme cadet volontaire dans l'armée autrichienne, et lui remit une assez forte somme.

Le jeune émigré, incorporé dans le régiment de Beaulieu, — infanterie, — fit sous les ordres du prince de Cobourg les campagnes de 1793 et de 1794; il assista au combat d'Arlon, près de Liége; au combat de Hasselt, près de Maëstricht; à l'affaire de Tongres, à la bataille de Nerwinde, à celle du camp de César et à la bataille de Fleurus, au combat de Marche-en-Famène, au siége du Quesnoy et à cinq combats sur la Sambre, au blocus de Maubeuge.

Des puritains de civisme, reproduisant des accusations dont pourtant bien des fois il a été fait bonne justice, crieront sans doute au scandale. Mais, de quel droit peuvent-ils blâmer maintenant, dans les défenseurs du principe monarchique, ce qu'ils ont célébré tant de fois dans les défenseurs de la cause révolutionnaire, dans Armand Carrel, par exemple, un de leurs coryphées, qui, à la Bidassoa, à la tête d'un corps de *patriotes* français, combattait contre l'armée *française*, entrant en Espagne pour y relever la légitimité ?

Benjamin Constant, une des fines fleurs du libéralisme, marchait avec les alliés comme aide-de-camp de Bernadotte, lors de l'invasion de 1814.

« Pour ce qui est de cette alliance des émigrés avec » l'étranger, » s'écrie un judicieux auteur, (1) « alliance » si souvent transformée en un forfait capital, oubliera- » t-on que leurs adversaires avaient proclamé l'univer- » selle confraternité des peuples au point de vue révo- » lutionnaire ? Le Prussien Anacharsis Clootz ne sié- » geait-il pas au sein de la Convention avec le titre de » *député du genre humain ?* La République française ne » fit-elle pas appel contre le principe monarchique à » toutes les insurrections étrangères, et ne chercha- » t-elle pas aussi au dehors des auxiliaires et des » avant-gardes ? »

Henri du Boishamon aurait-il gagné quelque chose, si, au lieu de combattre la Révolution, sous quelque drapeau qu'elle se montrât, il fût revenu, non pour lui demander merci, mais seulement avec l'intention de

(1) Th. Muret.

demeurer paisible à l'ombre du toit paternel ? eût-il été plus épargné que ceux à qui *la Nation* ne pouvait même reprocher un seul acte hostile aux idées nouvelles ?

Geoffroy du Boishamon, père du jeune émigré, ne faisait, lui, la guerre qu'aux perdrix et aux lièvres, ce qui ne l'empêchait pas d'être saisi à chaque instant, arraché violemment de son domicile et incarcéré.

M. de La Riollaye, grand-père maternel de Henri du Boishamon, était mort en prison, dans des circonstances qu'il n'est pas sans intérêt de rapporter.

Avant 1793, les paysans de la Vendée et de la Bretagne avaient énergiquement protesté contre l'ordre de choses qui avait inauguré la persécution religieuse. Sur beaucoup de points, des rassemblements en armes avaient eu lieu ; mais, après la mort de Louis XVI, l'insurrection acquit des proportions considérables. Toutes les communes voisines de Montauban se soulevèrent simultanément et se portèrent, dans la matinée du 4 mars 1794, sur cette localité, qui, par suite du nouveau partage de la France en départements, se trouvait être dans celui d'Ille-et-Vilaine.

Le rassemblement était commandé par un paysan, nommé Toussaint Renouvel ; ils arrivèrent par la route de Brest, se postèrent à la maison dite *la Maladrerie*, et restèrent tout un jour à tirailler sur les gardes nationaux venus de Rennes pour défendre Montauban, d'après de sinistres rumeurs répandues depuis quelques semaines.

Si, au lieu de s'opiniâtrer à garder cette position, ils avaient eu un chef habile, qui les eût partagés en plusieurs corps, de manière à s'introduire dans Montauban par divers côtés, en pénétrant dans les jardins, c'en était fait des gardes nationaux, et le succès était assuré. Mais, vers le soir, voyant qu'ils n'étaient même pas parvenus à débusquer ceux des Rennais qui occupaient les premières maisons, ils reprirent la route qu'ils avaient suivie le matin.

En se retirant, ils rencontrèrent un individu qui leur parut suspect et l'emmenèrent au château de la Heuzelais, situé en la commune de Quédillac, et alors habité par M. Henri de La Riollaye, vieillard cloué par la goutte sur un fauteuil, depuis plus de vingt-cinq ans.

Les paysans lui conduisirent leur prisonnier et manifestèrent l'intention de le fusiller, disant que cet homme attirerait probablement sur eux des malheurs de plusieurs espèces.

M. de La Riollaye leur représenta que leur prisonnier était pour eux un inconnu ; qu'il pouvait être fort honnête et que ce serait un grand crime de le mettre à mort sans raison.

Les paysans se laissèrent facilement persuader et mirent immédiatement en liberté leur captif.

Celui-ci n'usa de ce bienfait que pour aller au cantonnement le plus voisin dénoncer comme coupable d'être le chef des paysans insurgés celui qui venait de lui sauver la vie.

Peu d'instants après, il revenait lui-même, conduisant au château de la Heuzelais une colonne mobile dont les soldats prodiguèrent les plus lâches outrages au pacifique octogénaire qui, depuis tant d'années, n'avait pu quitter son fauteuil ; l'un d'eux s'élançait même pour lui porter un coup de baïonnette, lorsqu'une des domestiques de M. de La Riollaye, jeune fille de dix-sept ans, nommée Perrotte Cohignac (1), se jeta au-devant de son maître et parvint à écarter le fusil. On mit le malheureux impotent dans une mauvaise charrette, sur un peu de paille, et on le conduisit à Rennes, à la prison de la Tour-le-Bât, où il mourut le lendemain, à la suite des douleurs atroces que le transport lui avait occasionnées.

Au mois de mars 1795, Henri du Boishamon entra comme lieutenant d'artillerie dans un corps d'émigrés formé à Guernesey, en vue d'une descente sur les côtes de Bretagne, et commandé par le comte d'Oilliamson.

(1) Perrotte Cohignac, plus généralement connue sous le nom de Perrotte Mérel, depuis son mariage, est morte dans le bourg de Quédillac, le 13 février 1855, âgée de soixante-dix-sept ans. Elle a reçu, jusqu'à sa mort, une pension que lui faisait la famille du Boishamon. Un de ses fils était employé des Tabacs sous la Restauration.

Ce corps ne fut embarqué que pour la troisième expédition, dont l'arrivée eut lieu dans la baie de Quiberon, aux premiers jours de septembre 1795, sous les ordres du comte d'Artois.

On sait trop le sort funeste des deux premières.

Après être resté une dizaine de jours en vue de Quiberon, et avoir assisté, dans l'île d'Hédic, à un service funèbre en mémoire des victimes, le Prince français remonta sur *le Jason*. Les débris des détachements d'émigrés qui se trouvaient à l'île d'Houat furent dirigés sur le Poitou.

Henri du Boishamon, voulant rester à combattre avec ses compatriotes, se fit jeter à terre. Il gagna Plouharnel, où il rencontra une bonne religieuse qui se chargea de le piloter à travers les cantonnements républicains. Sous cette charitable conduite, il passa sans encombre au milieu d'eux.

Au bout de deux lieues environ, son guide lui indiqua d'une manière mystérieuse un village où il était indispensable qu'elle s'arrêtât, afin d'y prendre un second compagnon de voyage. Henri du Boishamon fut agréablement surpris quand il fut présenté à ce nouveau compagnon, qui n'était autre que Georges Cadoudal. Mais ils durent bientôt se séparer : le général morbihannais, pour se rendre à une réunion dans laquelle devaient être concertés les moyens de prendre une éclatante revanche de l'échec de Quiberon ; le jeune émigré, pour rejoindre les insurgés du pays de Vitré, où l'attendait un commandement.

CHAPITRE II.

L'Insurrection royaliste en 1794. — La Division de Vitré.

L'insurrection royaliste, en 1794, s'était déclarée sur un grand nombre de points en Bretagne. Elle était organisée par *divisions*, dont chacune était plus ou moins considérable, mais prenait toujours le nom du pays dans le rayon duquel elle opérait.

Ainsi, Fougères avait donné son nom à une division, forte de cinq ou six mille hommes, obéissant à un général de dix-huit ans, Aimé Picquet du Boisguy.

Celle de Vitré, sa voisine, marchait, au contraire, sous les ordres d'un vieillard, du Bouays de Couësbouc, alors âgé de soixante-deux ans. « Son énergie, dit un » historien, était celle du jeune homme le plus vigou» reux. Jadis, il avait servi quelques années ; mais, » depuis longtemps, il vivait retiré dans sa gentilhom» mière, sur la paroisse d'Izé. Infatigable chasseur, » tireur des plus adroits, ce rude vieillard possédait un

» bras et un jarret d'acier. Dur, tout le premier, pour » lui-même, il ne savait que se battre ; il n'aurait pas » su diriger militairement la moindre escouade. » (1)

Malgré cela, inspiré par une bravoure sans égale, et secondé par d'intrépides compagnons, tels que le célèbre Hubert (2) et le cousin de celui-ci, Carré, dit *Piquet*, il avait battu les Bleus en maintes rencontres.

La division de Vitré commença à recevoir une organisation régulière en juin 1795, par l'arrivée de Toussaint du Breil de Pontbriand.

« La famille du Breil avait répandu son sang à » toutes les époques pour la Bretagne, et, ensuite, » pour les rois de France.

» Toussaint du Breil de Pontbriand, né à Dinan,

(1) *Histoire des Guerres de l'Ouest,* tome III, page 342.

(2) Hubert, Louis-René-Denis, né à Saint-M'hervé (Ille et-Vilaine), le 25 mai 1770 ; maréchal-ferrant ; volontaire de l'association bretonne de La Rouërie en 1791 ; capitaine en 1792 ; chef de bataillon en 1795 ; chevalier de Saint-Louis en 1796 ; pensionné par Louis XVIII en 1819.

Quand le maréchal Soult vint à Rennes, en 1814, il fit demander Hubert et lui prodigua tous les compliments possibles : « M. Hubert, » lui dit le duc de Dalmatie, « nous sommes ici deux *maréchaux*, mais » vous avez sur moi un avantage, c'est d'avoir servi le Roi avant moi. »

Ces beaux sentiments étaient-ils sincères ? Beaucoup en doutaient ; témoin une Dame de Rennes qui, connue dans le grand monde par sa brusque franchise, avait pris un pan de l'habit de M. Soult :

« — Que faites-vous donc, Madame ? » dit le duc, impatienté.

« — Ah ! pardon, Monsieur le Maréchal, » répondit-elle, « j'avais » beaucoup entendu parler d'habits retournés et je voulais en voir un. »

» n'avait pas quinze ans révolus quand il fut associé » aux efforts de La Rouërie. Emigré, puis rentré en » France, il fut pris en arrivant, condamné à mort, » et enfermé dans la tour Solidor, à Saint-Servan. Il » s'évada et s'enrôla, sous un nom supposé, comme » hussard. Au bout de seize mois, il s'échappa de » son régiment, revint en Bretagne et se jeta dans » les rangs royalistes. Couësbouc le nomma chef du » canton d'Argentré. » (1)

Les principales paroisses qui fournissaient le contingent de la division de Vitré étaient : Izé, Argentré, Saint-M'hervé, Erbrée, la Chapelle-Erbrée, le Pertre, Etrelles, Princé, Balazé, Saint-Christophe, Montreuil-sur-Pérouse, Pocé et Torcé.

« Vitré était une position importante pour la République, sur la grande route de Paris à Rennes et à » Brest. Une garnison nombreuse l'occupait, soutenue » par une garde nationale chaudement patriote. Mais » nulle part, en revanche, la Chouannerie n'était plus » ardente et plus vigoureuse que dans les campagnes » d'alentour ; elles tenaient la ville comme bloquée ; » elles livraient d'incessants combats à la garnison, » aux escortes et aux détachements qui suivaient la » grande route. Cette division était comme une sentinelle vigilante postée au seuil de la Bretagne pour

(1) *Histoire des Guerres de l'Ouest,* tome IV, page 9.

» intercepter cette communication de première ligne.
» Le pont de Cantache, sur la Vilaine, à deux lieues de
» Vitré, du côté de Rennes, vit surtout de nombreux
» engagements. Les républicains avaient beau doubler
» leurs escortes ; il était rare que leurs convois et
» leurs transports franchissent impunément ce passage
» redouté. » (1)

Des débris de Quiberon fournirent de bons officiers aux royalistes. La division de Fougères recevait deux frères, le comte et le chevalier de Chalus. Dans les premiers jours d'octobre 1795, Henri du Boishamon arrivait à celle de Vitré, qu'il trouvait déjà en partie sous les ordres de son ami d'enfance, Toussaint du Breil de Pontbriand.

« Henri du Boishamon n'avait pas vingt ans. Il était
» d'une taille moyenne. A une figure agréable et spiri-
» tuelle il réunissait les dons les plus heureux. » (2)

Le commandement du canton d'Izé lui fut confié ; il comprenait les paroisses : d'Izé, capitaine Le Gendre ; Balazé, capitaine Louis Guillet ; Princé, capitaine Picot ; Montreuil-sous-Pérouse, capitaine Louis Dufeu ; Champeaux et Taillis, capitaine Michel Chauvin ; Saint-Jean-sur-Vilaine, capitaine Huet, dit *Lafleur*. Ces capitaines avaient été choisis par leurs soldats comme

(1) *Histoire des Guerres de l'Ouest,* tome III, pages 343, 344.

(2) *Histoire des Guerres de l'Ouest,* tome IV, pages 317 et 318.

les plus braves de chaque paroisse. C'était là, on ne peut le nier, *le suffrage universel* dans toute sa pureté.

Le canton de Pocé était sous les ordres de Pierre Rossignol, (1) qui avait servi précédemment dans l'armée vendéenne. Chaque canton représentait un bataillon, de sorte que, depuis cette époque, l'arrondissement de Vitré était occupé par trois colonnes de troupes régulièrement organisées, commandées par trois chefs de canton qui se réunissaient, quand les circonstances l'exigeaient, sous les ordres du vieux Couësbouc, colonel, chef de la division.

Un adjudant de canton, ayant rang de capitaine, fut envoyé à Henri du Boishamon, presque aussitôt après l'installation de celui-ci dans son commandement. Cet adjudant était son frère, Joseph du Boishamon, plus jeune que lui d'un an, ainsi qu'il a été déjà dit.

« Né le 14 mai 1777, Joseph du Boishamon habitait » avec son père le manoir de la Lande, près de Mon- » tauban. Ni la jeunesse, ni la solitude de cette » retraite ne purent le dérober à des persécutions. Sti- » mulé par sa propre ardeur, par l'exemple de son

(1) Pierre Rossignol, dit *Brunswick*, né le 29 juin 1761, à Montreuil-sous-Pérouse (Ille-et-Vilaine), grenadier aux grenadiers royaux depuis 1782 jusqu'à 1788 ; officier, armée de la Vendée en 1793; officier, armée de la Bretagne depuis 1794 jusqu'à 1800 ; blessé au Mans en 1793 ; vingt-cinq ans huit mois de services ; chevalier de Saint-Louis en 1816 ; retraité capitaine en 1819, avec pension et épée d'honneur.

» frère Henri, soldat de l'émigration, il se jeta parmi » les insurgés. Une mission lui fut confiée pour la divi- » sion Saint-Régeant. Il s'agissait d'établir des rapports » entre cette division et celle de Médréac, commandée » par Félix de Botherel. Le jeune envoyé s'acquitta de » sa mission avec intelligence; mais, à son retour, » entre Saint-Méen et Montauban, au milieu d'une nuit » obscure, il fut saisi par une patrouille. » (1)

On le déposa d'abord dans la prison de Montfort-sur-Meu, puis il fut conduit à Rennes et enfermé à la Tour-le-Bât, où il eut pour compagnons de chambre M. de Gouyon de Saint-Loyal et l'abbé Betaux, alors recteur de Saint-Jacut-de-la-Mer.

Les trois prisonniers, sachant que leur arrêt de mort était certain et serait mis à exécution dans quelques jours, formèrent un complot d'évasion qui réussit. La nuit couvrit une fuite combinée avec adresse, exécutée avec audace.

Une courageuse femme, qui s'était vouée à la délivrance des prisonniers, Mlle Hamelin, depuis Mme Petel, leur avait fait passer un pain dans l'intérieur duquel étaient renfermées une clef et une scie. Puis quand, au moyen de ces deux instruments, ils eurent triomphé de toutes les clôtures, de manière à n'avoir plus qu'un seul mur devant eux, elle tenait, de l'autre côté, une

(1) *Histoire des Guerres de l'Ouest*, tome IV, pages 276 et 277.

échelle qui servit à franchir ce dernier obstacle. (1) Joseph du Boishamon parvint à rejoindre la division de Mordelles, commandée par M. de La Tribonnière.

En juin 1795, il commandait une compagnie à l'armée d'Anjou.

Le 24 août de la même année, il se distingua en défendant, avec quatre-vingt-dix hommes, la ville de Pouancé, attaquée par douze cents républicains munis d'artillerie. Quelques jours plus tard, il pénétrait, avec sa compagnie, dans Martigné-Ferchaud, petite ville du département d'Ille-et-Vilaine, pourvue d'une forte garnison, et dans laquelle il sut se maintenir pendant trois heures contre des forces bien supérieures aux siennes. Les corps qui devaient aller l'y joindre n'arrivant pas, il fit une retraite qui lui valut l'estime des deux camps.

Aussitôt que son frère Henri fut arrivé à la division de Vitré, Joseph reçut l'ordre d'aller se mettre sous son commandement.

Les chefs des divisions de Fougères et de Vitré s'occupaient sans cesse de procurer le plus grand bien-être possible à leurs soldats.

Ainsi, tous les huit ou dix jours, il était procédé à un licenciement des colonnes royalistes. Ce licenciement n'avait lieu que pour permettre aux soldats d'aller

(1) Pour plus amples détails de cette évasion, voir le livre : *Marcie.*

changer de linge ; il durait habituellement quatre jours, fort rarement huit.

Les deux frères du Boishamon et Toussaint de Pontbriand profitaient de ces moments de repos pour aller visiter du Boisguy et ses officiers, avec lesquels ils étaient fort liés. La plus parfaite intelligence régnait entre eux tous. Chaque chef de canton de la division de Vitré ordonnait ces licenciements à sa volonté. Il ne restait avec les officiers de l'état-major, chargés du commandement pendant ces congés, que les soldats étrangers au pays et les déserteurs républicains.

Les capitaines de paroisses recevaient des ordres particuliers et devaient réunir leurs compagnies tous les soirs, dans un même lieu. Pendant le jour, ils gardaient un certain nombre d'hommes pour éviter les surprises et pour porter les ordres qui étaient plus ou moins bien exécutés, suivant le caractère des capitaines.

« La peau de chèvre, habillement du pays, que por-
» taient beaucoup d'insurgés dans la division de Vitré,
» servait souvent de prétexte aux Bleus pour tirer sur
» les habitants les plus inoffensifs. Plusieurs avaient
» péri victimes de méprises vraies ou supposées. Pour
» prévenir ces meurtres et leur ôter l'apparence même
» d'une excuse, de Pontbriand et Henri du Boishamon
» résolurent de donner un uniforme à leurs soldats.
» Comme les fonds leur manquaient, ils décidèrent de

» faire supporter cette charge aux acquéreurs de biens
» nationaux, réfugiés dans les villages. Ils en firent
» dresser la liste dans leurs cantons respectifs et sommèrent chacun de ces acquéreurs d'envoyer sa contribution bien et dûment réglée sur le chiffre de son
» revenu. C'était une taxe en nature : du drap gris et
» vert pour les habits, du drap rouge pour les gilets,
» des chapeaux et des souliers, ou du cuir pour en
» faire. Les lettres portaient qu'en cas de refus ou de
» retard, on vendrait, dans les métairies, autant de
» cidre et de grain qu'il en faudrait pour donner la
» valeur de ces fournitures. De plus, toutes les fermes,
» dans ce pays, étant louées *à moitié fruits*, les chefs
» royalistes défendirent aux métayers de conduire
» aucune denrée aux propriétaires, sans permission
» expresse. Jamais défense ne fut mieux observée.

» Cette mesure eut un complet effet. De Rennes, de
» Vitré, etc., l'on vit ponctuellement arriver les réquisitions attendues. Les acquéreurs s'estimèrent heureux d'en être quittes à ce prix. Les deux chefs eurent
» bientôt tous leurs soldats passablement habillés avec
» les fournitures des patriotes ; ils avaient aussi
» demandé de la poudre et des cartouches ; mais ces
» envois offraient un tel danger, même pour des républicains, que fort peu s'y risquèrent. Pontbriand
» reçut cependant quelques centaines de cartouches et

» quatre-vingts livres de poudre. Un des acquéreurs, le » citoyen La Plesse, répondit : — *Comment voulez-vous » que je vous envoie de la poudre. Je me ferais guilloti- » ner.* En échange, il expédia au chef royaliste une » caisse contenant six bouteilles de liqueur des Iles : » au fond étaient quatre louis d'or enveloppés dans un » papier, avec ces mots : — « *Achetez-en.* » (1)

Le canton occupé par Henri du Boishamon se trouvait environné de paroisses *patriotes*, dont les bourgs étaient fortifiés et avaient des garnisons pour soutenir *les gardes territoriaux*, formés en compagnie. Les royalistes n'avaient pas d'ennemis plus acharnés que ces derniers, qui faisaient des sorties, se livraient au pillage et tuaient beaucoup de monde.

Henri du Boishamon s'occupa de repousser ces gardes ; il les menaça de terribles représailles, s'ils continuaient leurs brigandages.

Il ne fut pas tenu d'abord grand compte de cette menace.

Une colonne de ces républicains, après de nombreux excès, était allée coucher à Châteaubourg, d'où elle devait se rendre le lendemain à Vitré ; elle était forte de trois cents hommes.

Henri du Boishamon, ayant été informé de sa marche, résolut de l'attaquer, bien qu'il n'eût, en ce

(1) *Histoire des Guerres de l'Ouest*, tome IV, pages 319, 320.

moment, que deux cent cinquante soldats à peine. Il alla prendre position en arrière de Saint-Jean, où il dressa une embuscade. Mais sa troupe ayant été découverte par les éclaireurs ennemis, plus tôt qu'il ne l'aurait voulu, l'affaire s'engagea dans des conditions assez désavantageuses pour lui. Le feu des républicains était très vif et bien nourri. Les royalistes, obligés de ménager leurs cartouches, ne répondaient que faiblement. Aussi, le résultat fut-il quelque temps indécis. Mais Henri du Boishamon ayant, avec la compagnie de Saint-Jean, tourné les gardes, réussit à les adosser à la rivière de Vilaine, ce qui décida le succès en sa faveur.

Les Bleus, ayant commencé leur retraite, furent rompus, chargés vivement et poursuivis jusqu'à Saint-Melaine, après avoir éprouvé une perte de quarante hommes, ce qui leur fit voir combien les Blancs avaient le coup-d'œil juste. Ces derniers gagnèrent dans cette affaire des fusils et des cartouches. Elle eut pour résultat d'assurer à Henri du Boishamon la confiance entière de ses soldats et de commencer à le faire craindre des *gardes territoriaux*.

C'était un grand avantage pour les royalistes de pouvoir faire capture d'armes et de cartouches, car, pendant toute la durée de la guerre, les hommes des deux divisions de Vitré et de Fougères n'eurent que celles qu'ils prenaient à l'ennemi. Très souvent ils attaquaient, n'ayant pas plus de deux ou trois cartouches par homme, ce qui explique le grand soin qu'ils mettaient à placer leurs meilleurs tireurs en tête des embuscades, où ils attendaient les Bleus le plus près possible. Leur première décharge était toujours très meurtrière; ils profitaient du moment de désordre qu'elle occasionnait pour fondre sur les républicains, qu'ils réussissaient le plus souvent à mettre en déroute. Les royalistes avaient d'ailleurs d'autant plus de facilité à tomber sur l'ennemi qu'ils connaissaient parfaitement le pays; qu'ils ne portaient ni sacs, ni gibernes; que, n'ayant que des vestes et des habillements fort légers, ils étaient lestes dans tous leurs mouvements: c'est ce qui explique les énormes pertes que faisaient parfois les Bleus, quand leurs adversaires ne perdaient presque personne.

Les habitants des villes achetaient, des soldats républicains logés chez eux, ou leur dérobaient, de la poudre et des cartouches, qui étaient immédiatement portées aux insurgés. Ainsi, plus d'un de ces soldats a pu être tué par la cartouche qu'il avait vendue.

Les chefs des royalistes n'avaient point d'argent. Ils employaient le peu qu'ils pouvaient s'en procurer à payer les souliers de leurs hommes, seule chose, du reste, que ces derniers demandassent, et, encore, ceux qui avaient quelques moyens s'en fournissaient eux-mêmes.

Le général Humbert, commandant les troupes opposées aux divisions de Vitré et de Fougères, était activement secondé par un chef de bataillon du nom de Joré, ayant sous ses ordres un corps formé de carabiniers, de grenadiers et de chasseurs de l'ancien régiment d'Armagnac. « L'acharnement de Joré contre les » royalistes était extrême. Jamais il n'épargnait un » seul de ceux qui tombaient entre ses mains ; sou- » vent même il se montrait cruel envers les paysans » qui ne portaient pas les armes. Il avait des talents » militaires, beaucoup de sang-froid et de courage. Il » disait souvent qu'il eût mieux aimé quatre cam- » pagnes dans une guerre ordinaire qu'une seule » dans la guerre de Chouans. » (1)

Un jour d'octobre 1795, Joré ayant avec lui une partie de ses carabiniers, et, de plus, un détachement de la garnison de Vitré, rencontra la colonne de Henri du Boishamon à Saint-Christophe, et l'attaqua vigoureusement. Après une heure et demie d'un combat acharné, les républicains se retirèrent en désordre et furent poursuivis jusqu'au rocher de Malnoë.

A peu près dans le même temps, Joseph du Boishamon fut surpris, dans une ferme de la commune d'Izé,

(1) *Histoire des Guerres de l'Ouest*, tome IV, page 326.

par une colonne mobile, formée de *gardes territoriaux* de Dourdain et de La Bouexière; il n'avait avec lui que dix-huit hommes; malgré cela, il sortit de la maison en ordonnant à sa petite troupe de faire feu et de charger à la baïonnette, ce qui décontenança tellement la colonne mobile, forte de cinquante soldats, qu'elle s'enfuit, après avoir fait à la hâte une décharge qui ne blessa personne. Joseph du Boishamon la poursuivit, blessa un des gardes et en tua deux.

Les contingents républicains fournis par les paroisses de Livré, Dourdain, La Bouëxière, Mecé, Châteaubourg, étaient fort mauvais pour les combats en rase campagne; mais ils surprenaient les soldats royalistes isolés, se livraient à de fréquents pillages, et tenaient dans de perpétuelles inquiétudes principalement la portion de l'arrondissement de Vitré dans laquelle s'exerçait le commandement de Henri du Boishamon.

Celui-ci avait presque chaque jour de petites affaires avec eux, mais il ne pouvait les forcer dans leurs bourgs, qui étaient presque tous fortifiés et possédaient, en outre, des forces de la paroisse, des garnisons de troupes de ligne, dont l'effectif variait suivant l'importance des lieux. Châteaubourg avait toujours de deux à trois cents hommes, et quelquefois plus.

Le général Humbert avait établi deux camps auprès de Vitré, pour faciliter les communications de Rennes à Paris. L'un était placé près du pont de Cantache, et l'autre sur la hauteur de Paintourteaux, entre Vitré et La Gravelle. Ces camps étaient obligés de s'approvisionner de vivres à Vitré ; ils étaient fortifiés avec soin, et les royalistes n'auraient pu les emporter qu'en perdant beaucoup de monde ; mais les détachements des Bleus qui en sortaient étaient souvent battus ou enlevés.

M. de Couësbouc eut avis qu'un convoi de poudre devait venir de Rennes à Vitré, avec une escorte de six cents hommes. Il envoya l'ordre à de Pontbriand et à Henri du Boishamon de se réunir à lui ; et comme il avait appelé aussi les compagnies du canton de Pocé, il se trouva à la tête de neuf cents hommes.

Pontbriand s'embusqua à la gauche, sur la hauteur de Garon ; Henri du Boishamon occupa la droite, et Couësbouc resta au centre. Toutes les positions étant bien prises, il y avait lieu de compter sur le succès ; mais c'était le jour de l'approvisionnement du pont de Cantache, et un détachement républicain de vingt-cinq hommes vint à passer au milieu de l'embuscade.

Il ne fut point inquiété par Henri du Boishamon, et il était déjà arrivé au centre de la colonne, quand un soldat royaliste tira, sans ordre, un coup de fusil. Le détachement fut pris, à l'exception d'un seul fuyard, mais l'alarme était donnée au camp et ne tarda pas à l'être à Vitré.

La surprise n'étant plus possible, Couësbouc marcha sur Pocé, mais il s'arrêta longtemps dans des prairies dominées de toutes parts, pour délibérer sur les mesures à prendre.

La position était d'autant plus mauvaise que deux petites rivières étaient devant lui. Henri du Boishamon, qui connaissait le pays, pressait son chef de ne pas rester là, et il avait bien raison, car la garnison de Vitré, aux premiers coups de fusil, pensant que le convoi était attaqué, était sortie par ordre du général Humbert et n'avait pas tardé à prendre l'offensive.

Le bruit de la fusillade précipita la marche de l'escorte du convoi. Au bout d'un quart d'heure, elle arrivait et renforçait la garnison du camp, ce qui donnait aux républicains un nombre de quinze cents hommes. Les royalistes coururent un instant risque d'être enveloppés par une colonne de trois cents Bleus, qui prirent la route de Saint-Aubin.

Couësbouc se battait avec sa bravoure ordinaire, mais il n'avait donné aucun ordre. Henri du Boishamon et Pontbriand se postèrent au Boisbide, sur de petites hauteurs qui dominent la Vilaine, et protégèrent le passage de cette rivière par les royalistes. Joseph du Boishamon, envoyé par son frère pour engager Couësbouc à se retirer, n'y réussit que difficilement. Il était temps, cependant, car, à peine la Vilaine avait-elle été franchie, que la fusillade commençait sur les hauteurs de Saint-Aubin.

Pontbriand, avec quelques compagnies, soutint le feu, pendant que Joseph du Boishamon faisait traverser sur une simple poutre, jetée en travers, la rivière d'Etrelles à toute la colonne.

Henri du Boishamon tenait ferme sur le bord de la Vilaine et contenait l'ennemi, sans quoi les royalistes auraient éprouvé de grandes pertes. Pontbriand ayant pu occuper les hauteurs d'Etrelles, Henri du Boishamon passa la rivière à son tour. Les républicains, en se retirant, entretinrent assez longtemps le feu de l'autre côté, mais ils n'osèrent pas essayer de forcer le passage.

Après un combat de trois heures, ils rentrèrent à Vitré. Les royalistes ne subirent ce jour-là d'autres pertes que celles de leurs cartouches, dépense compensée par l'évacuation des camps de Cantache et de Paintourteaux, qui nuisaient singulièrement aux opérations de la division royale.

Huit jours après, en novembre 1795, les royalistes furent prévenus qu'un convoi, escorté de trois cents républicains, devait passer de grand matin sur la route de La Gravelle à Vitré. Les Chouans trouvèrent une admirable position pour établir une embuscade, tout près de la forêt du Pertre, à trois quarts de lieues de La Gravelle. Avant qu'il fût jour, l'avant-garde de ce convoi arriva ; il y avait au milieu une diligence, d'où, aux premiers coups de feu tirés par les compagnies de Pontbriand, sortit un homme qu'on prit d'abord pour un général. Pontbriand le tenait par le pan d'un grand manteau dont il était enveloppé ; mais le manteau resta dans les mains du chef royaliste, et le voyageur s'esquiva. Quand on sut que ce voyageur n'était autre que le fameux Beaugeard, conventionnel et régicide, on lui envoya quelques balles qui ne l'atteignirent pas.

L'avant-garde des Bleus se replia sur le gros de la colonne républicaine, commandée par un adjudant-général. Mais le désordre se mit parmi eux tous, et ils s'enfuirent vers Vitré, où Humbert accueillit fort mal leur chef, qui prétendait que les royalistes étaient au nombre de quatre mille, quand on savait qu'ils n'étaient que quatre cents.

Après l'affaire, Pontbriand et Henri du Boishamon trouvèrent la diligence gardée par quelques soldats. Ils firent remettre aux voyageurs tous leurs effets et leur donnèrent des passeports pour Vitré. La voiture contenait une caisse remplie d'assignats, mais les royalistes les jetèrent sur le chemin. Quelques-uns en mirent à leurs chapeaux. Comme on s'était battu dans l'obscurité, les Bleus ne perdirent que neuf hommes.

Henri du Boishamon voulant mettre fin aux incursions que les gardes territoriaux faisaient dans la paroisse d'Izé, résolut de les déloger du poste fortifié à l'abri duquel ils se plaçaient, après leurs expéditions, dont ils ne revenaient jamais sans avoir pillé ou assassiné. Il écrivit à Pontbriand de venir l'aider, et, leurs colonnes étant réunies, ils attaquèrent Dourdain par deux côtés.

Henri du Boishamon envoya au chef de la garnison une sommation dont celui-ci n'avait pas achevé la lecture quand parut la tête des colonnes royalistes. Elles furent immédiatement accueillies par une vive fusillade partant de l'église et du cimetière, mais les défenseurs de Dourdain furent si rudement pressés qu'au bout de quelques minutes, les murs furent escaladés. Presque tous ceux qui eurent à soutenir ce premier choc furent tués. Les autres, et ceux qui étaient dans l'église, prirent la fuite pour se retirer au château du Plessis. Ils se postèrent avantageusement dans le jardin de cette habitation, d'où ils faisaient un feu très vif sur ceux qui les avaient poursuivis.

Deux compagnies ayant été détachées pour les tourner par la gauche, les Bleus abandonnèrent ce poste avec tant de précipitation que les royalistes, en arrivant, n'y trouvèrent que quelques morts. Tout le reste avait disparu. Henri du Boishamon gagna à cette affaire des fusils et des cartouches.

Dans les derniers jours de 1795, le général Humbert avait été battu par la division de Fougères, au rocher de la Piochais, dans une rencontre où il n'y avait pas moins de deux mille hommes engagés de chaque côté.

Après cette défaite, Humbert se rendit de Vitré à Fougères avec huit cents hommes, pour réorganiser les troupes de la garnison. Il trouva presque anéantis les carabiniers de Joré. Il fit passer dans un autre corps ce qui en restait, puis, après avoir réglé les affaires qui l'avaient appelé à Fougères, il se disposa à retourner à Vitré. Henri du Boishamon en fut prévenu, mais, pour le moment, sa colonne était dispersée. Pontbriand, qui venait d'arriver pour se concerter avec lui, et prendre par ailleurs les ordres de Couësbouc, n'avait aussi que quelques hommes. On annonça d'abord que le général Humbert devait passer nuitamment avec une simple escorte de cavalerie. Henri du Boishamon lui tendit une embuscade, fit barrer la route avec des cordes pour arrêter les chevaux, mais il ne vint personne. Le lendemain seulement on eut avis que, le matin même, Humbert était parti de Fougères avec toute sa troupe.

Bien que Couësbouc ne disposât en ce moment que de cent cinquante hommes, l'intrépide vieillard résolut de l'attendre dans la forte position du rocher de Malnoë. Ce ne fut qu'après avoir reconnu combien il était impossible de défendre, avec cette poignée de soldats, les deux passages qui conduisaient à cette position, que Henri du Boishamon et Pontbriand le décidèrent à s'éloigner. On avait, en effet, derrière soi, la vaste lande d'Izé, où la cavalerie ne pouvait manquer d'atteindre, dans une déroute certaine, ceux qui auraient été inévitablement chassés du rocher de Malnoë. Mais, après avoir traversé cette lande, Henri du Boishamon indiqua à Couësbouc un poste d'où l'on pouvait faire du mal à l'ennemi sans autant de risques, parce que la retraite était facile.

Il était tombé de la pluie, et l'on pouvait suivre les traces des royalistes jusqu'à la lande.

Le général, en arrivant au haut du rocher de Malnoë, connut ainsi qu'il venait d'y passer des troupes. Il détacha quatre cents hommes, avec mission de ne pas perdre la piste, et continua sa route avec le reste.

Ces quatre cents hommes s'égarèrent sur la lande et suivirent la route du Bois-Cornillé, s'éloignant beaucoup du général. Quand celui-ci arriva au lieu où était l'embuscade, il marchait à trois cents pas environ en avant de sa colonne avec plusieurs officiers et une soixantaine de cavaliers, qui criaient : « *Hou ! hou ! où sont-ils les petits houx ! houx ?* » Il reçut à cinquante pas la décharge des royalistes, par laquelle fut tué le commandant Joré, qui avait si vaillamment combattu du Boisguy à Fougères.

L'un des aides-de-camp du général, ainsi que deux

hussards, furent aussi atteints mortellement. Bon nombre de cavaliers et de chevaux furent blessés. Le gros de la troupe républicaine, qui suivait de près, ne pouvait apercevoir les royalistes embusqués, mais il n'en fit pas moins un feu terrible du côté d'où étaient venues les balles des Chouans. Ceux-ci s'étaient retirés sans autre perte que celle d'un de leurs soldats, qui fut atteint d'un coup de fusil dans le flanc, au moment où il sautait un fossé, et qui mourut le lendemain.

Le général Humbert, voyant que l'ennemi ne tirait plus, pensa qu'il s'était dispersé. Il rallia sa troupe et retourna à Vitré, fort affligé de la mort de Joré et de la perte de son aide-de-camp, dont il fit emporter le corps avec lui.

Quand les habitants des campagnes apprirent le sort qu'avait eu, sur la lande d'Izé, le commandant Joré, devenu d'autant plus redoutable qu'il commençait à bien connaître le pays, ils ne purent que s'en réjouir, car c'était pour la contrée un événement des plus heureux.

Henri du Boishamon ayant réuni sa colonne, la conduisit sur le territoire de Mecé, dont le bourg avait été pris par Hay de Bouteville et de Chalus, officiers de la division de Fougères. Il y coucha, et, le lendemain, il marcha vers Livré.

La garnison de Saint-Aubin-du-Cormier, informée

de la présence des royalistes dans la commune de Livré, se mit en route pour les attaquer. Henri du Boishamon, sachant que le bourg était défendu par de bonnes fortifications, ne chercha pas à l'emporter. Il passa outre et se dirigea sur Izé. Au moment où il descendait une côte assez rapide, la troupe de Saint-Aubin, réunie aux habitants de Livré, vint fondre sur lui. Sa position était très mauvaise : il arrêta sa troupe et ordonna immédiatement une charge à la baïonnette sur le centre de la colonne républicaine, qui, n'étant composée que de gardes territoriaux, n'opposa aucune résistance et entraîna dans sa fuite les soldats de la ligne. Les Bleus se trouvèrent tellement pressés que, pour rejoindre plus vite le bourg, ils traversèrent une grande prairie où, étant à découvert, ils perdirent plusieurs hommes.

Henri du Boishamon, passant auprès d'un républicain, blessé à une cuisse, lui dit, après l'avoir examiné : « Malheureux ! tu es prêtre ! »

Ayant ensuite jeté un coup-d'œil sur la batterie du fusil que ce prêtre tenait encore à la main, Boishamon ajouta : « Tu as tiré sur nous ! »

Le chef royaliste s'éloigna pendant quelques instants pour donner des ordres, puis il revint auprès du blessé, qui était réellement le curé constitutionnel de Livré. Mais ce dernier n'avait plus besoin d'aucun secours :

un Chouan, lancé à la poursuite de l'ennemi, venait de passer auprès du trop belliqueux ecclésiastique et lui avait tiré un coup de fusil au milieu du front, où Boishamon vit encore la cartouche fumer. Le mort était revêtu d'une espèce de soutane, d'une des poches de laquelle sortait à demi un gobelet d'argent.

Bien souvent les royalistes trouvaient parmi les républicains tués ou prisonniers des prêtres *jureurs*. Quand, au mois de mai 1794, Puisaye fit une expédition dans le Morbihan, il y avait, dans la colonne des Bleus qui l'attaqua, à Baignon (1), un corps de cavalerie dans lequel se trouvaient douze curés constitutionnels.

Au moment où l'un d'eux, Champion, curé jureur de Montauban, allait monter à cheval, sa femme vint en pleurant lui faire ses adieux : « Ne détendez pas mon âme républicaine ! » lui dit-il avec solennité.

Ce malheureux ayant été du nombre des fuyards qui se sauvèrent dans la forêt de Paimpont, du côté de la petite rivière d'Off, fut tué avec quarante-quatre de ses compagnons.

(1) Geoffroy du Boishamon, père de Henri, avait été saisi dans son manoir de la Lande et incorporé de force dans la troupe qui partait de Montauban pour aller combattre les royalistes dans le Morbihan.

Comme il tenait peu à la gloire d'être tué par les Chouans, dès le premier coup de fusil qui fut tiré à Baignon, il s'enfuit à toutes jambes vers la forêt de Paimpont, qu'il connaissait très bien. Il monta sur un cheval de charbonnier et ne s'arrêta qu'à la Lande, sa demeure.

On ne vit ni dans la Vendée ni dans la Bretagne aucun des membres du clergé restés fidèles à la foi catholique prendre le fusil et faire le coup de feu. Ils n'auraient ni voulu ni pu le faire, car ils eussent perdu toute considération ; ils étaient pourtant toujours au milieu des combattants, mais c'était pour porter des secours aux blessés, les retirer du champ de bataille et leur prodiguer les meilleurs soins.

On les a vus encourager les soldats, les exciter, comme à Dol, à retourner au combat, leur représenter la justice de la cause pour laquelle ils étaient armés ; on les a vus accepter des places dans les conseils, mais là se bornait leur rôle.

Plus de quarante mille républicains, prisonniers dans la Vendée, durent la vie à l'intercession toute puissante du clergé, dans le moment même où ces républicains venaient de dévaster, d'incendier les habitations de ceux qui leur pardonnaient, et d'égorger sans distinction les femmes, les vieillards et les enfants qui ne pouvaient suivre l'armée.

Au mois de février 1796, le commandant de la division de Fougères résolut d'attaquer la ville d'Ernée, située dans le Maine et habitée par des patriotes, soutenus par une forte garnison, munie d'artillerie. Ernée était d'ailleurs un foyer de menées pour échauffer les esprits et fournir des guides contre les royalistes.

« Du Boisguy avait appelé à lui, pour l'expédition » qu'il avait projetée, du Boishamon et Pontbriand, » avec leurs troupes. En chemin, Pontbriand apprit » qu'un détachement ennemi était à Bourgon. Il se » détourna pour le combattre et le rencontra sur les » bords de la Vilaine, poursuivant quelques roya- » listes. D'une rive à l'autre, la fusillade s'établit; » mais, pendant ce temps, la moitié des républicains » passa la rivière, à un moulin, un quart de lieue » plus bas. Attaqués en flanc, les Chouans prirent la » déroute. Malhère, capitaine de la Grande-Erbrée, » fuyait avec les soldats. Il passa près de Pontbriand, » qui l'interpella vivement. Ce capitaine, ancien mili- » taire, fut tellement sensible à ce reproche qu'il » retourna au feu et s'y fit tuer. Cette déroute ne s'ar- » rêta qu'à la hauteur de Montautour, que Henri du » Boishamon occupait avec sa colonne. Du Boisguy » ajourna l'expédition d'Ernée. » (1)

Vers le milieu de ce même mois de février 1796, Henri du Boishamon et Pontbriand se trouvaient sur le territoire de la commune d'Etrelles et faisaient faire l'exercice, lorsqu'ils entendirent une vive fusillade sur la droite, du côté du bourg de Bais. Ils ignoraient qu'il y eût des troupes royales dans cette direction. Ils firent partir une avant-garde sous les ordres de Piquet et se

(1) *Histoire des Guerres de l'Ouest*, tome IV, pages 327 et 328.

mirent eux-mêmes en marche vers le lieu où était le combat. Ils n'avaient pas fait une demi-lieue que Piquet leur donnait avis que c'était Rossignol qui, ayant conduit la troisième colonne de la division de Vitré sur le territoire de Bais, et s'étant laissé surprendre par les gardes territoriaux de Bais, de Moulins et de Louvigné, était en pleine déroute.

Henri du Boishamon et Pontbriand ayant reconnu une position favorable, y embusquèrent leurs troupes. Bientôt les fuyards royalistes arrivèrent, avec Rossignol, dans le plus grand désordre. On les rallia et on les fit se reformer derrière l'embuscade. Les Bleus, qui poursuivaient les Chouans, ne tardèrent pas à arriver aussi et furent reçus par une fusillade qui les culbuta.

Henri du Boishamon et Pontbriand entrèrent dans le bourg de Bais à la suite des fuyards républicains. Ils furent bien étonnés d'y être accueillis par une grêle de balles partant du clocher, du cimetière, qui était fortifié, et de quantité de maisons. Ils escaladèrent le mur du cimetière et se mirent contre l'église, à l'abri du feu venant du clocher ; mais ils reconnurent que la position était difficile à emporter. Ils prirent donc le parti de se retirer, ce qu'ils firent, mais non sans le plus grand danger, vu que l'on tirait sur eux de tous côtés. Un Anglais, qui se trouvait avec eux, proposa de mettre le feu à l'église, mais les chefs royalistes n'y consentirent pas. Il incendia seulement une maison.

Dix-huit royalistes furent blessés, parmi lesquels le capitaine d'Argentré, La Poule. Plusieurs furent tués. Dans la poursuite qu'ils avaient subie, les Bleus laissèrent trente cadavres sur la route de Bais, soixante-cinq fusils et cent cinquante paquets de cartouches.

Le 20 février 1796, deux frères, MM. de Chabert, émigrés languedociens, échappés au massacre de Quiberon, et qui, depuis, avaient servi la cause royale dans le Morbihan, arrivèrent dans la division de Vitré. Couësbouc donna à l'aîné le commandement de la troisième colonne, celle de Pocé, qu'on a vue ci-dessus sous les ordres de Rossignol. Le plus jeune des Chabert fut adjoint à son frère, en qualité de capitaine-adjudant de canton. Ils organisèrent militairement leur canton, comme l'avaient fait pour ceux d'Argentré et d'Izé Pontbriand et Henri du Boishamon. MM. de Chabert étaient accompagnés de deux autres Languedociens, le chevalier Payen et M. de Gueffier.

Couësbouc nomma M. de Gueffier et le chevalier Payen adjudants de canton, avec le grade de capitaine.

Ce fut alors que Henri du Boishamon reçut la confirmation de son grade de chef de canton, avec rang de lieutenant-colonel, dans des circonstances qu'il n'est pas sans intérêt de raconter.

« Le 9 mars 1796, Pontbriand et Henri du Boishamon » arrivèrent au château de Marigny, où Puisaye tenait

» son quartier général. Ils voulaient lui exposer les » besoins de la division de Vitré ; ils demandaient pour » lieutenant de cette division le brave chevalier de » Saint-Gilles. L'âge de Couësbouc, une blessure qu'il » avait reçue à la jambe lui rendaient un suppléant » nécessaire ; enfin, ils réclamaient la confirmation de » leurs grades. Le soir, ils soupaient avec Bouteville et » une quarantaine d'officiers ; il s'en trouvait quelques-» uns de la suite de Puisaye. Ceux-ci parlèrent légère-» ment des nominations qu'on avait faites ; il était ridi-» cule, suivant eux, de voir les jeunes gens revêtus de » grades qu'on n'obtenait pas autrefois avant l'âge de » quarante ans.

» Sur ce propos, une vive discussion s'éleva. Il fut » question de Quiberon et de la conduite de Puisaye.

» — Ce sera toujours pour lui, dit du Boishamon, une » honte d'avoir abandonné M. de Sombreuil.

» — Il ne s'en lavera jamais, ajouta Pontbriand.

» La conversation finit là, et les deux officiers ne se » doutaient pas que quelqu'un fût capable de les » dénoncer à Puisaye ; mais, le lendemain, quand ils » se présentèrent chez ce dernier, son accueil prouva » qu'ils se trompaient.

» — C'est donc vous, Messieurs, leur dit-il, qui, » d'accord avec les républicains, venez fomenter ici » l'insubordination et le désordre ! Savez-vous que

» c'est une trahison et que je puis vous faire fusiller ?

» Pontbriand s'emporta : il remit vivement son chapeau sur sa tête. Du Boishamon fut plus calme, » quoique non moins énergique.

» — Apprenez, général, dit-il, que j'ai toujours servi » mon Roi et que vous n'en avez pas fait autant.

» A ces mots, il se couvrit et quitta la chambre.

» Dans ce moment, douze ou quinze tambours se » firent entendre. C'était la colonne de Bouteville, forte » de mille à douze cents hommes, qui entrait dans la » cour du château.

» Puisaye sentit son imprudence. Il se tourna vers » Pontbriand et lui dit avec une dignité polie :

» — J'ai été un peu vif ; mais, Monsieur, vous êtes » devant le représentant du Roi, et vous ne devez pas » me parler le chapeau sur la tête.

» Pontbriand se découvrit.

» — On m'a dit beaucoup de bien de vous et de M. du » Boishamon, ajouta-t-il. Je sais que vous avez organisé de belles compagnies dans la division de Vitré, » que vous vous battez bien ; mais il faut de la subordination.

» Et, s'adressant à l'un des officiers présents, il lui » dit d'aller chercher Henri du Boishamon.

» Celui-ci revint. Puisaye lui parla de la manière

» la plus flatteuse et finit par expédier pour tous les » deux des brevets de chefs de canton, avec grade de » lieutenant-colonel. »

Ces brevets furent signés séance tenante par Puisaye et par MM. Neveu et Collin de la Contrie, deux membres du Conseil des armées royales, qui se trouvaient présents. (1)

« Puisaye congédia ensuite fort gracieusement Henri » du Boishamon et Pontbriand, sans revenir sur son » grief de la veille. Ils repartirent pour leurs cantonne- » ments, fort contents du résultat de leur visite, et non » moins surpris d'avoir vu le généralissime s'apaiser » si promptement.

» Puisaye croyait l'affaire terminée, quand arriva du » Boisguy. Celui-ci, très animé, commença par lui » rendre les brevets et la croix de Saint-Louis qu'il » avait reçus de sa main.

» — Vous avez manqué, lui dit-il, à deux braves offi- » ciers qui valent mieux que vous ; vous les avez » qualifiés de traîtres ; votre conduite est odieuse ; » allez vous faire obéir ailleurs, si vous voulez ; je ne » vous ferai pas de mal, mais je ne veux plus de vous » ni de votre suite dans ma division.

» Déconcerté d'abord, Puisaye se remit bientôt.

» — On vous a trompé, général, répondit-il ; j'ai eu,

(1) Voir pièces justificatives, n° 1.

» il est vrai, un moment de vivacité, sur un rapport, » probablement faux, qui m'a été fait ; mais tout est » réparé. MM. de Pontbriand et du Boishamon sortent » d'ici ; nous nous sommes quittés bons amis, et j'ai » même une telle confiance dans leurs talents et leur » loyauté que je les ai confirmés dans leurs grades. »

Les faits furent attestés à du Boisguy, qui se calma et reprit ses brevets et sa croix.

« Puisaye voulait faire du pouvoir régulier dans une » armée où l'obéissance ne pouvait venir que du bon » vouloir, de la confiance la plus entière. Cette con- » fiance, il ne la possédait pas. Elle appartenait aux » chefs que les soldats avaient toujours vus combattre » avec eux, partager avec eux la bonne ou la mauvaise » fortune, coucher comme eux sur la dure et vivre de » pain de seigle et de blé-noir. Encore à ces chefs mêmes » les capitaines de paroisses, bien plus, les simples » soldats faisaient-ils librement leurs observations, » (1) toujours avec respect et convenance. Souvent ces avis étaient bons et ne manquaient pas d'être suivis.

Pendant le séjour de Puisaye au château de Marigny, un émigré nouvellement arrivé, M. Coster de Saint-Victor, fut nommé lieutenant de la division de Vitré, avec grade de *major*. Mais sa qualité d'étranger, qui lui était commune avec M. de Gueffier, autre émigré,

(1) *Histoire des Guerres de l'Ouest*, t. IV, p. 333, 334, 335, 336.

désigné, ainsi qu'il a été dit ci-dessus, pour les fonctions d'adjudant, avait été l'occasion de quelques propos qui furent propagés même par l'un des lieutenants de canton, La Poule, d'Argentré.

Un exemple devint nécessaire pour maintenir dans la division l'ordre troublé par l'un de ceux à qui une haute position commandait le bon exemple.

Malgré les bons services du lieutenant La Poule, à peine remis d'une blessure reçue en combattant avec une vaillance peu commune, cet officier dut être jugé et immédiatement fusillé. Ce ne fut qu'avec des larmes bien amères dans les yeux que Pontbriand et Henri du Boishamon prirent part et à la sentence et à son exécution.

Il était difficile que, parmi plusieurs milliers d'hommes, il ne s'en trouvât pas quelques-uns dont la conduite laissât à désirer. Mais tout royaliste qui commettait une mauvaise action était de suite passé par les armes.

Parmi les officiers républicains était un chef de bataillon dont le nom était Roger, mais qui n'était connu que sous la dénomination du *Grand Pierrot*. Il était le plus souvent opposé aux royalistes du Maine. « Sans » cesse en campagne, avec une colonne mobile formée » des marcheurs les plus lestes, il se rendit redoutable » par son activité, par ses ruses, autant que par sa

» valeur. Nul ne savait mieux se déguiser, introduire » parmi les Chouans l'espionnage et la trahison. Ils for» mèrent aussi une colonne spécialement destinée à » les délivrer du *Grand Pierrot ;* mais les meilleurs » tireurs avaient beau le prendre pour but ; bien des » paysans finirent par s'imaginer qu'un talisman, » qu'un *sort* le protégeait. »

Dans le mois d'avril 1796, les royalistes du Bas-Maine, privés de leur commandant en chef, ne se montraient plus que par faibles détachements. La colonne mobile du *Grand Pierrot*, forte alors de neuf cents hommes, les poursuivait avec une activité et un acharnement extraordinaires.

Couësbouc, informé de leur fâcheuse position, résolut de leur porter secours. Il entra avec la division de Vitré dans le Bas-Maine, et alla coucher dans les environs de la petite ville d'Ernée. Les logements de plusieurs compagnies en étaient à peine distants d'une lieue ; aussi les républicains furent-ils très promptement avertis de la présence des royalistes sur le territoire avoisinant Ernée.

Habitués à battre les Chouans de cette contrée, ils ne balancèrent pas à former un plan d'attaque. Dès le lendemain, ils se ruèrent avec fureur sur les avant-postes ennemis. Ceux-ci se replièrent sur le lieu indiqué pour le rendez-vous en cas d'alerte.

La compagnie d'Erbrée, dépendant du commandement de Pontbriand, eut à soutenir la première tout l'effort du corps républicain. Seule engagée d'abord, elle se comporta avec une admirable bravoure, et parvint, sans avoir éprouvé de grandes pertes, à rejoindre le reste de la division de Vitré, qui avait pris position au bourg de Juvigné.

Le hasard voulut qu'au moment où l'on se formait pour recevoir les républicains, un corps de la division de Fougères, commandé par MM. de Bouteville et de Chalus, et fort de neuf cents hommes, arrivât sur le terrain.

M. Coster de Saint-Victor, occupé alors à placer chacun sur le lieu où il devait combattre, eut à peine le temps d'entretenir M. de Chalus pendant cinq minutes pour l'engager à se porter sur les derrières de l'ennemi, afin de lui couper la retraite.

La division de Vitré était placée en avant du bourg de Juvigné, dans une excellente situation. Pontbriand occupait la droite, avec son bataillon ; Chabert était posté au centre, et Henri du Boishamon à la gauche.

Les républicains, se voyant en forces très supérieures, attaquèrent de front toute la ligne des royalistes, menaçant même de déborder la gauche. Habitués à ne pas trouver de résistance, ils abordèrent franchement et avec une grande confiance dans le succès ; ils pressaient même tellement la compagnie d'Erbrée que leurs tirailleurs sautèrent dans les retranchements royalistes.

M. Coster de Saint-Victor, remplaçant en cette occasion Couësbouc, qui, vu son grand âge, n'était plus assez leste pour être présent partout, avait donné l'ordre de laisser avancer les Bleus et de ne tirer qu'à bout portant. Cet ordre fut admirablement exécuté, et la première décharge éclaircit singulièrement les rangs républicains. On ne donna pas le temps à ces derniers de respirer. Ils étaient ébranlés ; on fondit sur eux à la baïonnette, et, dans un instant, tout le terrain occupé par les Bleus fut jonché de cadavres.

Au nombre des morts se trouva le citoyen Marie, président du Comité révolutionnaire de Laval. Cet homme avait fait tant de victimes dans la contrée que le bruit de sa mort, aussitôt répandu, attira une foule de curieux ; les habitants vinrent de très loin, afin de s'assurer que ce personnage avait réellement succombé. Près de son cadavre, on pouvait compter plus de cent cinquante paires de souliers jetées par les républicains pour fuir plus aisément. La colonne de Fougères, malgré toute la diligence, ne put arriver à temps pour leur couper la retraite. Ils essayèrent cependant de se rallier et de tenir au pied d'un moulin à vent, à trois quarts de lieue du champ de bataille. Enlever la position et les déloger fut l'affaire d'un moment. On les poursuivit jusque dans les faubourgs d'Ernée.

Cette affaire fit d'autant plus d'honneur à la division de Vitré que la colonne républicaine était presque entièrement composée d'un ancien régiment d'infanterie de ligne, auquel on avait joint un détachement d'artilleurs à pied. Le reste était formé de gardes territoriaux.

Les Bleus, après avoir essayé, ainsi qu'il a déjà été dit, de déborder la gauche, où Henri du Boishamon avait fait si bonne contenance qu'ils avaient dû y renoncer, portèrent leur principal effort sur la droite. Là, leurs pertes furent plus nombreuses qu'ailleurs, bien que, sur toute la ligne, ils eussent laissé une grande quantité de morts. Mais ils avaient affaire à la compagnie de Saint-M'hervé, commandée par l'intrépide Louis Hubert, assisté de son cousin Pierre Carré, dit *Piquet*.

Dans cette journée, les Bleus perdirent quatre cents hommes. Les deux derniers leur furent tués sur le pont d'Ernée, défendu par deux pièces de canon et par le reste de la garnison, laissé pour protéger la ville.

Les pertes des royalistes furent assez considérables, mais beaucoup moindres pourtant que celles de leurs ennemis, ce qui s'explique facilement par les diverses circonstances mentionnées ci-dessus.

Plusieurs des chefs royalistes étaient d'avis de tenter immédiatement un coup sur Ernée même ; mais Puisaye, qui, avant le combat, avait quitté Juvigné pour se retirer du côté de Saint-M'hervé, revint, quand l'affaire fut finie, complimenter officiers et soldats et donner l'ordre de la retraite.

En avril 1796, la colonne du commandant Roger, dit *Grand Pierrot*, ayant couché à Saint-Ouen, se porta sur Saint-M'hervé. A peine entrée sur cette paroisse, elle fut accueillie par une vive fusillade, auprès du village de la Piverdière, occupé par *les Chevaliers Catholiques*.

Pontbriand et Henri du Boishamon, qui se trouvaient avec leurs colonnes à la Bougatrière, attaquèrent de tous les côtés à la fois les républicains, dont une partie seulement avait passé la Vilaine.

Le *Grand Pierrot*, craignant une déroute complète, se mit en bataille, avec le reste de ses troupes, en avant de la Croixille, pour recevoir les fuyards, arrivant bientôt dans un désordre tel que lui-même dut prendre la route de Juvigné et ne put rallier ses soldats qu'à Ernée ; il perdit soixante hommes environ dans cette retraite.

En mai 1796, Pontbriand et Henri du Boishamon ayant reçu l'avis que les frères Chabert étaient sur le territoire d'Etrelles et avaient un pressant besoin de secours, se rendirent le lendemain dans cette paroisse, où ils firent jonction avec eux. Ils arrivèrent fort à propos, car, le jour suivant, le général Spithal fit sortir de Vitré une colonne de quatre cent cinquante hommes. Les trois chefs royalistes, prévenus de leur sortie, allèrent les attendre dans une position avantageuse, défendue par la petite rivière venant de Paintourteaux. Après une affaire assez vive, prolongée durant une heure, les républicains furent repoussés et rentrèrent à Vitré, avec une perte de plus de quatre-vingts hommes.

Quelques jours après, Henri et Joseph du Boishamon s'étant portés sur Princé et Montautour, entendirent une vive fusillade du côté de Dompierre-du-Chemin. Ils pensèrent que MM. de Chalus et de Bouteville étaient engagés. Ils marchaient à leur secours quand ils aperçurent des troupes en fuite. C'était, en effet, M. de Chalus qui venait d'être battu par une colonne républicaine deux fois plus nombreuse que la sienne, car les Bleus étaient six cents et les royalistes avaient seulement quatre compagnies.

Henri du Boishamon se prépara au combat, rallia à sa troupe *les Chevaliers Catholiques*, mis en déroute avec M. de Chalus.

Mais l'ennemi avait cessé sa poursuite ; il ne parut pas. Un certain nombre de Chouans avaient été tués ou blessés.

Dans ce même mois de mai 1796, Henri du Boishamon fut prévenu qu'il devait arriver à Rennes un convoi de munitions de guerre, expédié de Paris sous une forte escorte. Il en donna avis à Couësbouc, qui commanda à Pontbriand et à Chabert de se rendre au château de l'Epinay, en la commune de Champeaux ; mais, trompés sur l'heure du passage du convoi, ils ne purent établir d'embuscade et arrivèrent sur la grande route au moment où les troupes défilaient.

On ne pouvait attaquer que par le flanc l'escorte, composée de mille hommes. Cependant, Henri du Boishamon, qui marchait en tête avec Couësbouc, commença le feu, et l'action devint générale, à la suite d'un violent orage ; il tombait en ce moment une pluie torrentielle.

Les Chouans avaient eu la précaution de tenir les batteries de leurs fusils cachées sous leurs vestes ; mais, les républicains n'ayant pas pris le même soin, leurs amorces furent mouillées ; aussi la plupart de leurs coups ratèrent, à la première décharge par laquelle ils ripostèrent à celle des royalistes.

Les Bleus continuèrent, malgré cela, de marcher en combattant et en s'abritant derrière les fossés bordant la route.

Les Chouans, sortant de derrière ceux qui entouraient les champs dans lesquels ils étaient postés, cherchèrent à percer la ligne ennemie. Couësbouc et Henri du Boishamon, avec *les Chevaliers Catholiques* et quelques compagnies, parvinrent à l'extrémité d'un chemin de traverse conduisant obliquement sur la grande route. De là, ils purent enfiler les rangs de l'escorte. Pontbriand traversa rapidement une pièce de terre pour arriver au convoi, mais un gros de soldats retranchés derrière les voitures le reçut avec un feu si vif que la plupart des siens reculèrent jusqu'au fossé.

Dans le même temps, Genouil, brave capitaine, était atteint d'une balle qui lui traversait la poitrine. Le jeune Lepinay, capitaine de Saint-M'hervé, était renversé aux pieds de Couësbouc et de Henri du Boishamon.

Une partie de ceux qui étaient allés attaquer les voitures étant occupée au transport des deux blessés, les chefs royalistes virent que leur coup était manqué ; ils ordonnèrent une retraite, difficile surtout pour ceux qui s'étaient avancés jusqu'au convoi, défendu par les républicains avec acharnement. Une vive fusillade continua jusqu'à Châteaubourg.

Cette affaire dura plus de deux heures ; on se battait sur l'espace d'une demi-lieue.

A la même époque, Henri du Boishamon eut plusieurs affaires avec les Bleus sur les territoires de Louvigné-de-Bais, d'Argentré et au bois de Beaufeu, sur la route de Vitré à Fougères ; mais les détails manquent sur ces rencontres.

Plusieurs généraux réunis à Rennes, constatant les insuccès continuels des troupes républicaines contre la division de Vitré, résolurent de faire attaquer les trois bataillons simultanément, mais séparément.

Des renforts importants furent alors envoyés contre les Chouans du pays de Vitré.

Vers la fin de mai 1796, des colonnes parties de Châteaubourg voulurent faire invasion dans la contrée, où commandait Henri du Boishamon. Il les battit auprès de Saint-Jean ; peu de jours après, il mit en déroute, à Montreuil, une partie de la garnison de Vitré ; bon nombre de soldats furent tués en cette occasion.

Il a été question plus haut des *Chevaliers Catholiques*. C'était un corps créé par Puisaye, et spécialement destiné à servir d'escorte aux Princes de la Maison de Bourbon, dans le cas où ils seraient venus en Bretagne. Cet ordre, comme celui de Malte, avait ses statuts et sa croix. *Les Chevaliers Catholiques* marchèrent pendant quelque temps avec la division de Vitré.

Parmi ces *Chevaliers* se trouvait un homme qui, depuis, passa sous le drapeau qu'il combattait alors et qui, durant une longue vie, parvint à conquérir plus d'un genre de célébrité.

Cet homme était M. le marquis de Piré. Un matin de juin 1796, les trois bataillons de la division de Vitré étant réunis pour attaquer ensemble plusieurs bourgs vomissant sur le pays des gardes territoriaux par lesquels étaient exercés des pillages et des ravages de toutes sortes, le marquis conseilla de commencer par le bourg de Piré.

M. de Chalus, en sa qualité de major-général, prit le commandement de cette expédition, qui réussit mieux que n'auraient pu le faire espérer les dispositions prises pour l'attaque.

Henri du Boishamon avait été chargé d'occuper la route de Châteaugiron, afin d'empêcher les garnisons voisines de marcher au secours du point attaqué.

Châteaugiron fit, en effet, sortir cinq cents hommes, qui allèrent donner dans l'embuscade où Henri du Boishamon se tenait avec toute sa troupe. Trois cents de ces républicains ne lâchèrent pas pied, malgré le grand nombre de soldats tombés ou mis en fuite sous le coup de la première décharge des royalistes. Cependant la résistance ne put être longue; les Bleus furent obligés de se replier.

Pendant que Henri du Boishamon les poursuivait, il entendit, sur la droite, une vive fusillade. C'étaient des troupes sorties de Louvigné et de Bais, qui avaient attaqué un détachement royaliste posté entre Moulins et Louvigné, de manière à les prendre entre deux feux.

Henri du Boishamon laissa les fugitifs courir à toutes jambes pour regagner Châteaugiron et se porta à la rencontre de la colonne sortie de Bais, de manière que les Chouans qu'il allait secourir n'eussent plus affaire qu'à celle venue de Louvigné. Les deux corps républicains ne tardèrent pas à être refoulés vers leurs cantonnements.

Ayant appris que Henri du Boishamon était sorti de son canton avec sa colonne, la garde territoriale de Livré profita de cet avis pour faire des incursions dans la paroisse d'Izé, où elle commit des excès nombreux et tua deux paysans inoffensifs.

Instruit de ces actes coupables, Henri du Boishamon engagea Couësbouc à marcher de ce côté, pour châtier cette troupe de malfaiteurs. Le vieux chef partit tout de suite, alla coucher à Mecé et entra le lendemain, au point du jour, sur Livré; il y lança trois colonnes et les chargea de parcourir cette paroisse en tous sens; ils y demeurèrent jusqu'à trois heures après midi. Le tocsin sonna pendant tout le temps. Quarante habitants armés cherchèrent à gagner le bourg; ayant voulu prendre l'offensive contre les royalistes, au moment où ces derniers approchaient, ces républicains malavisés furent presque tous tués.

Henri du Boishamon, en se retirant, avait déjà gagné la lande d'Izé, quand la garnison de Saint-Aubin-du-Cormier survint et attaqua l'arrière-garde, où se trouvaient encore quelques Chouans, appartenant au canton d'Argentré. Une charge générale fut faite sur les Bleus, qui reprirent sans tarder la route de leur cantonnement. Ils perdirent seulement un sergent-major, fait prisonnier; du côté des royalistes, il n'y eut pas de morts, mais quelques blessés, au nombre desquels se trouvait le brave Hubert, atteint par une balle dans le talon.

Charrette était pris; la République avait fait la paix avec l'Espagne, et toutes les troupes revenues étaient lancées sur les Chouans; bon nombre de corps royalistes avaient déjà déposé les armes; les divisions de Vitré et de Fougères étaient donc les dernières restées dans la lutte. Leurs chefs voyaient clairement qu'ils seraient obligés sous peu de faire leur soumission pour prévenir l'entière dévastation de leur pays, attendu que les renforts républicains, dont étaient inondés les deux arrondissements insurgés, comptaient alors au moins dix mille soldats.

Les royalistes de la division de Vitré ne perdirent cependant pas courage; ils donnèrent même une preuve éclatante de leur invincible énergie au combat qui eut lieu dans la lande de Toucheneau, sur la grande route de Vitré à La Guerche, vers le milieu du mois de juin 1796. Le nombre des colonnes mobiles était alors tellement multiplié que, dans toutes les dernières rencontres de cette époque, jusqu'au moment où la division fut obligée de rendre les armes, il y avait nécessité pour les royalistes d'enfoncer les corps qui leur étaient opposés, car, si le combat se prolongeait, ils avaient la certitude de se voir cernés de toutes parts.

Couësbouc ayant été informé que huit cents grenadiers devaient se porter de Vitré à La Guerche, dans le but de se joindre à des troupes de l'armée des Pyrénées, arrivées nouvellement, pour opérer une battue, résolut de marcher au-devant de ce corps et de le combattre; il remit à M. Coster de Saint-Victor le soin de prescrire les dispositions préliminaires du combat. Celui-ci se porta sur la route de Vitré, à une demi-lieue de la lande de Toucheneau, laissant Henri du Boishamon sur cette lande, avec une réserve de deux cents hommes pour le couvrir et lui recommandant de le faire prévenir le plus promptement possible, si quelque corps ennemi, venant de La Guerche, se présentait.

Henri du Boishamon envoya un homme à cheval pour éclairer la route de La Guerche. Celui-ci, après avoir fait à peine une lieue, aperçut une colonne républicaine, forte de huit à neuf cents hommes, marchant vers Vitré. Revenant très promptement, il avertit Henri du Boishamon ; ce dernier envoya à M. Coster de Saint-Victor un soldat chargé de lui faire connaître le mouvement des Bleus.

Pendant ce temps, Henri du Boishamon, malgré l'infériorité très notable de sa troupe, fit ses dispositions pour attendre l'ennemi et s'opposer à son passage. Le terrain, extrêmement plat, n'offrait aucune position avantageuse : Henri du Boishamon posta ses hommes au bord de la lande, du côté de Vitré, et les fit ranger en bataille, de façon à faire face au chemin par lequel les Bleus devaient arriver ; devant lui était un talus haut de deux pieds environ; derrière, sur sa gauche, se trouvait un chemin creux, par lequel il comptait opérer sa retraite et gagner les champs, alors remplis de blés très élevés.

Les républicains ne tardèrent pas à paraître. Ces militaires, nouveaux venus en Bretagne, n'étaient point habitués aux guerres de l'Ouest ; ils marchaient avec confiance, sans éclaireurs : Henri du Boishamon les laissa approcher à environ trente pas et les accueillit par une décharge générale qui les ébranla et les fit reculer. Mais, voyant qu'ils avaient affaire à un détachement peu nombreux, ils se reformèrent et se partagèrent en trois colonnes. Celles de droite et de gauche cherchèrent à tourner les royalistes, pendant que celle du centre les chargeait à la baïonnette. Le mouvement des républicains fut si prompt que, malgré le feu terrible de l'ennemi, ils arrivèrent sur le bord du retranchement. Là on se battit corps à corps. Un grenadier qui avait sauté le fossé allait percer Henri du Boishamon de sa baïonnette lorsque, d'un coup de fusil, l'adjudant (1) Marland étendit ce soldat mort à ses pieds.

(1) Angevin. A servi dans la gendarmerie sous la Restauration.

Le chef royaliste avait fait porter la moitié de sa troupe sur sa gauche, afin d'assurer la retraite qu'il venait d'ordonner ; il avait déjà gagné le chemin creux par lequel il devait se retirer. Voyant qu'il n'était pas poursuivi, Henri du Boishamon s'arrêta. Il entendit aussitôt une fusillade des plus nourries, sur la droite. La division de Vitré venait d'arriver, et les Bleus, l'ayant prise pour une *garde territoriale*, s'étaient laissé approcher par elle. M. Coster de Saint-Victor, profitant de cette erreur, les aborda vigoureusement, et, après une première décharge, presque à bout portant, il les enfonça à la baïonnette. Ils ne cherchèrent plus à se défendre, ils s'enfuirent vers la gauche, dans la plus grande confusion.

Henri du Boishamon, revenu pendant ce temps sur la lande de Toucheneau, coupa la retraite aux soldats de la droite des républicains, et se trouva pêle-mêle avec eux. Les Bleus furent poursuivis jusqu'à la nuit ; on compta cent deux de leurs soldats sur la lande.

Les deux Chabert avec leur colonne, Pontbriand avec la sienne, dans laquelle étaient deux officiers dont la vaillance fut sans égale dans cette journée, Hubert et Carré-Piquet, (1) tous exécutèrent merveilleusement

(1) Trente-six ans après, le mercredi 21 mai 1832, la même lande de Toucheneau voyait encore un combat auquel assistaient deux des Chouans qui avaient pris une part si glorieuse à celui qu'on y avait livré en juin 1796. Hubert et Carré-Piquet, bien que devenus vieillards,

les dispositions prises par M. Coster de Saint-Victor contre un corps considérable qui, un instant, crut n'avoir affaire qu'à la faible troupe de Henri du Boishamon.

Quelques jours après, la division de Vitré avait pris ses logements dans la paroisse de Domalain, et ses compagnies étaient éparpillées dans divers villages. Vers cinq heures du soir, elle fut surprise par un bataillon républicain, fort de neuf cents hommes, sorti le matin de La Guerche.

Aux premiers coups qui furent tirés, quatre officiers, le jeune Chabert, le chevalier Payen et les deux frères du Boishamon, suivis de trois de leurs soldats, se portèrent en avant pour reconnaître la position de l'ennemi.

avaient encore répondu à l'appel qui leur avait été fait au nom de la légitimité. Mais, cette fois, la fortune trahit la cause qu'ils défendaient de nouveau ; eux-mêmes périrent sur leur ancien champ de bataille.

La mort de ces deux chefs intrépides, qui s'étaient montrés si redoutables dans les premières guerres, fut un triomphe pour les défenseurs du gouvernement de Juillet. Aussi les cadavres de Hubert et de Carré-Piquet furent-ils placés sur des affûts de canon et promenés, comme des trophées, dans les rues de Vitré, où une populace en délire prodigua toutes sortes d'outrages à leurs restes mutilés et sanglants ; ils restèrent ensuite exposés dans la cour du château.

Il faut plaindre les autorités de la ville, qui ne surent pas s'honorer en faisant respecter un ennemi tel que Hubert, mort fidèle aux convictions de toute sa vie. Quatorze ans de services et onze campagnes, qui lui avaient valu la croix de Saint-Louis et une épée d'honneur, tels étaient les droits au respect pour cet homme qui, maréchal-ferrant avant la Révolution, reprit son enclume sous la Restauration et ne la quitta que pour aller périr à Toucheneau.

Arrivés à la chaussée de l'étang de Carcraon et n'ayant rien aperçu de l'autre côté, ils s'avançaient en reprenant de la sécurité. A peine avaient-ils fait quelques pas, longeant un fossé situé sur leur gauche, que le bataillon entier, caché dans le chemin, fit une décharge à bout portant. Aucun d'eux ne fut blessé. Le chevalier Payen eut seulement une brosse brisée dans sa poche par une balle. Henri du Boishamon fut abattu d'un coup de crosse de fusil, mais il put se relever et aller donner l'alarme.

Bientôt plusieurs compagnies royalistes eurent pris position de l'autre côté de la chaussée de l'étang. Les républicains ayant essayé de franchir cette chaussée, une fusillade des plus vives s'engagea et dura près d'une heure, mais sans que ceux-ci pussent réussir à franchir la chaussée. M. Coster de Saint-Victor tourna les Bleus et les mit en déroute, après leur avoir tué quarante-cinq hommes, dont trois officiers.

Malgré le grand nombre des colonnes républicaines sillonnant alors le pays de Vitré, les royalistes se soutinrent encore pendant dix jours, grâce au dévouement des habitants, qui les tenaient exactement informés des mouvements de l'ennemi.

Dans les derniers jours de juin, sortant du bourg du Pertre, ils traversaient sur une lande, auprès de la forêt du même nom, quand, soudain, ils se trouvèrent à une demi-portée de fusil d'une troupe de Bleus, deux fois plus nombreuse que la leur, et dont la vue leur était dérobée par un monticule. Les royalistes, qui marchaient par le flanc, n'essayèrent pas de se mettre en ligne ; par un mouvement précipité, ils se jetèrent dans la forêt et commencèrent la fusillade, mais chaque homme avait reçu la consigne de ne tirer qu'un coup de fusil, parce que, si l'affaire se fût prolongée, il était à craindre qu'ils ne fussent enveloppés par les républicains.

Pendant que les compagnies commandées par Henri du Boishamon se retiraient, celui-ci, avec son frère Joseph, était resté le dernier sur la lisière de la forêt. Deux cavaliers, couverts de grands manteaux, y entrèrent et se mirent à la poursuite des deux frères du Boishamon, qui bientôt firent volte-face, et attendirent de pied ferme les deux républicains sur le haut d'un fossé. Ceux-ci tirèrent chacun à leur tour sur les jeunes Chouans. Une de leurs balles ayant ricoché sur la branche d'un chêne, sous lequel se trouvait Henri du Boishamon, atteignit celui-ci au poignet de la main droite. Joseph du Boishamon riposta, mais sans atteindre aucun des cavaliers. Il ne se pardonna de sa vie une pareille maladresse, lui qui faisait coup double, à balle, sur de petits oiseaux, volant même au plus haut des espaces.

L'escarmouche de la forêt du Pertre fut le dernier combat livré par la division de Vitré.

Ainsi se termina une terrible campagne, qui avait duré trois ans, sans interruption ; campagne pendant laquelle, au milieu de fatigues, de privations sans cesse renaissantes, au milieu de dangers toujours présents, les royalistes, officiers et soldats, montrèrent, dans les succès comme dans les revers, un courage, une résolution, une persévérance et un dévouement qui aujourd'hui semblent fabuleux, car on ne trouverait guère actuellement de pareils hommes ; cette campagne, enfin, fut brillamment couronnée par le fait d'armes de la lande de Toucheneau, où les Chouans battirent à découvert des troupes aguerries et numériquement très supérieures, qui jusque là, d'un bout de l'Europe à l'autre, avaient marché de triomphes en triomphes.

Voulant éviter la ruine des habitants, qui avaient fait tant de sacrifices pour soutenir, avec leurs enfants, la cause du Roi, les chefs de la division de Vitré se décidèrent à entrer en pourparlers avec le général Spithal, qui commandait à Vitré. Les conditions proposées de part et d'autre ayant été acceptées, les corps royalistes furent licenciés.

Le 11 messidor, an IV (29 juin 1796), Henri du Boishamon se rendit à Laval, où il remit son fusil et ses cartouches entre les mains de l'adjudant général Royer (*le Grand Pierrot*). (1)

CHAPITRE III.

Séjour à Versailles. — Campagnes à l'armée d'Italie.

Dans des instructions secrètes adressées par le Directoire exécutif, à la date du 28 décembre 1795, au général en chef des côtes de l'Océan, il était dit, art. IX :

« Les déserteurs des troupes de la République et les » émigrés seront jugés sur le terrain et punis conformément à la loi. »

Le 2 juin 1796, dans un ordre général de l'armée, signé par Hoche, l'art. 1er de cet ordre était ainsi conçu :

« Aucun émigré ne peut être regardé comme chef » de Chouans et traité comme tel. Les individus qui se » trouvent dans le cas de l'émigration doivent évacuer » le territoire de la République, aucune grâce, aucun » délai ne pouvant leur être accordé. Les officiers généraux feront juger par des conseils militaires les » émigrés arrêtés par les troupes ; ils les feront poursuivre sans cesse, bien que le pays qu'ils habiteraient » eût été désarmé. »

(1) Voir la pièce justificative, N° 2.

Quel devait être, d'après ces dispositions, le sort de l'émigré arrêté sur le sol français? Quelques mots tirés d'une lettre de Hoche, adressée le 22 juin 1796 au général Hédouville, relativement à un émigré breton, vont nous l'apprendre. — « Il faut qu'il parte ou qu'il cesse d'exister. »

Après avoir déposé ses armes entre les mains de l'adjudant général Royer, Henri du Boishamon était retourné chez son père, où il désirait séjourner pendant quelque temps, espérant que sa présence y serait sinon inconnue, du moins tolérée. Vain espoir! Conformément aux dispositions ci-dessus précitées, il n'était pas admis à la pacification; aussi il ne fut pas laissé en paix. Les *visites domiciliaires*, cette inquisition de nouvelle espèce créée après le 10 août 1792, pour porter le trouble dans les familles, en pénétrant dans les lieux les plus secrets des maisons, les *visites domiciliaires* pleuvaient sur le manoir de la Lande, et le père de Henri du Boishamon était menacé d'être forcé de rembourser à la commune de Montauban ce que celle-ci pourrait être condamnée à payer pour avoir récélé un émigré sur son territoire, savoir : une amende en numéraire égale au tiers de la contribution. (Art. XI de l'arrêté du Directoire du 28 décembre 1795). Henri du Boishamon s'était réfugié à Rennes, mais les habitants de la Lande n'en étaient pas plus tranquilles.

Une circonstance favorable à la sûreté de leur fils se présenta à eux dans les derniers jours de septembre 1796.

Un membre d'une très estimable famille de Montauban était depuis quelque temps installé à Versailles, où il comptait alors parmi les premiers négociants ; M. Tiengou des Royeries — c'était son nom — avait adopté les idées révolutionnaires, mais il était toujours demeuré honnête homme et n'avait jamais voulu tremper dans aucun des actes blâmables auxquels se livraient tant de gens à cette funeste époque ; il avait au contraire profité de l'influence que lui donnait une dignité municipale, pour rendre à bon nombre de proscrits d'alors d'importants services. De tout temps existèrent entre les Tiengou et les Boishamon des relations amicales qui sont encore des plus vivaces aujourd'hui.

Le puissant citoyen dont on vient de parler alla donc trouver la mère de Henri du Boishamon et lui dit : « Je » sais toutes les tracasseries et toutes les inquiétudes » auxquelles vous êtes en butte. Je viens vous proposer » un moyen de les faire cesser. Je repars pour Versailles dans trois jours. Je sortirai de Rennes en » cabriolet. Il faudra que votre fils se trouve vis-à-vis » de l'hospice de Saint-Méen, dans le faubourg de Paris. » Je lui dirai quelques mots dont nous allons convenir

» et je l'emmènerai chez moi, où, vu la position que » j'occupe, il n'aura rien à craindre. »

Au jour convenu et au lieu indiqué, Henri du Boishamon monta dans le cabriolet du citoyen Julien Tiengou des Royeries. Celui-ci l'installa surveillant d'une grande manufacture de porcelaine qu'il possédait alors à Versailles, avenue de Paris, n° 16, et le traita constamment comme un membre de sa famille auquel il eût porté une vive affection. La manufacture de porcelaine de Versailles avait une succursale à Rouen. Henri du Boishamon était souvent chargé d'aller dans cette ville veiller aux intérêts de son patron, qui, malheureusement, s'occupait plus de politique que de négoce, et réunissait chez lui tout ce que Paris et Versailles contenaient de plus huppé en fait de municipaux et de clubistes. C'étaient sans cesse de magnifiques fêtes et de splendides festins auxquels Tiengou voulait que son protégé assistât, tant pour écarter tout soupçon que pour avoir le plaisir, disait le jovial citoyen, de procurer à ses invités la compagnie d'un émigré et d'un chef de Chouans, ce dont, assurément, ne se doutait nul d'entre eux.

Malgré tout ce que Henri du Boishamon pouvait entendre de contraire à ses opinions, dans des réunions pareilles, il jouissait d'une quiétude parfaite. Il avait cependant failli périr victime de la bévue d'un médecin.

Au retour d'un de ses voyages à Rouen, se sentant indisposé, il avait gardé le lit. On fit venir près de lui un docteur des plus célèbres de Versailles, lequel prescrivit une potion. Le malade contrevint à l'ordonnance et jeta la potion, au lieu de l'avaler. Le lendemain matin, le docteur fit une nouvelle visite.

— « Avez-vous pris le remède que je vous avais » ordonné ? » demanda le médecin à Henri du Boishamon en fixant celui-ci, d'un regard où se peignait une espèce de terreur.

Le patient n'osait pas avouer ce qu'il avait fait de la dose qu'on lui avait commandé d'avaler.

Devant une pareille hésitation, l'Esculape ne se tenait plus d'impatience.

— « Non, » répondit enfin le malade.

La poitrine du docteur exhala un long soupir et sa physionomie se dilata sous un mouvement de satisfaction.

— « Tant mieux, » dit-il à Henri du Boishamon, » si » vous aviez avalé mon remède, vous en seriez mort, » incontestablement, car il était diamétralement opposé » au traitement nécessaire pour la petite vérole qui se » déclare en vous et que j'avoue franchement avoir eu » l'ignorance de ne pas reconnaître au premier abord. »

Il y avait treize mois que Henri du Boishamon vivait tranquillement à Versailles, lorsqu'étant allé à Paris, il rencontra et accosta dans le jardin du Palais-Royal M. de La Motte de Cherville, ancien président au Parlement de Bretagne. Depuis ce jour, il remarqua qu'un homme était toujours à sa suite et stationnait souvent près d'une borne qui se trouvait vis-à-vis de l'établissement de porcelaine de l'avenue de Paris, à Versailles.

Enfin, Tiengou des Royeries aborda un matin, avec tristesse, Henri du Boishamon, et lui dit : « Vous êtes » classé désormais dans les suspects. Dès que je l'ai » appris, j'ai fait tous mes efforts pour qu'on ne donne » pas suite aux mesures que l'on veut prendre contre » vous, mais inutilement. On vous a vu, paraît-il, en » compagnie d'un ancien magistrat breton. Il n'en a pas » fallu plus pour que la police vous ait fait surveiller et » ait découvert votre retraite. »

Pour sauver sa tête, de nouveau menacée, Henri du Boishamon n'eut qu'un moyen : ce fut de prendre l'habit de soldat. Il s'engagea donc volontairement, le 10 brumaire, an VI (31 octobre 1797), sous le faux nom de Pierre Henry, dans la 30e demi-brigade de ligne, qui, plus tard, passa le mont Saint-Bernard, sous la conduite de Bonaparte.

Cette 30e demi-brigade était commandée par le général Valterre, et, dans ses rangs, Henri du Boishamon se trouva à la prise de Milan, aux batailles de *la Trebia*, de *Novi*, de *Marengo*, de *Volta*, du *Mincio* et de

Montebello. Au jour de Marengo, il était sergent-major de la 2e compagnie du 1er bataillon et faisait partie de la division Desaix, qui eut les honneurs de cette fameuse journée, et ranima l'espérance du succès, éteinte dans l'âme de Bonaparte. Vers les deux heures de l'après-midi, Henri du Boishamon avait vu le premier consul assis sur le fossé d'un champ de maïs, se tenant la tête dans les mains, et dans l'attitude d'un homme en proie à un violent chagrin.

Mais tel n'était plus Bonaparte quand, le soir, vers cinq heures, il passait devant la 30e demi-brigade, le front haut, plein de gaîté et de confiance, et qu'il disait aux soldats prêts à recommencer le combat :

« Français, c'est avoir trop fait de pas en arrière. Le » moment est arrivé de marcher en avant. Souvenez- » vous que mon habitude est de coucher sur le champ » de bataille ! »

Bien que non blessé, Henri du Boishamon éprouva une vive secousse dans cette journée. Un Flamand de la 2e compagnie du 1er bataillon de la 30e demi-brigade était ivre et quittait sans cesse son rang. Henri du Boishamon le prit par la cravate pour le reconduire à sa place. Au même moment arrive un boulet autrichien qui, passant sous le bras du sergent-major, va frapper le malheureux Flamand en plein ventre. Henri du Boishamon fut lui-même violemment renversé, mais il se releva sans autre mal que l'étourdissement produit par une pareille chute.

Parmi les généraux républicains commandant alors l'armée d'Italie était Tuncq, l'un de ceux qui avaient fait avec le plus d'acharnement la guerre aux Vendéens. Henri du Boishamon avait souvent entendu dire que Tuncq poussait la férocité jusqu'à porter toujours à sa boutonnière, en guise de décorations, des ossements desséchés de Vendéens. C'était assez difficile à croire pour qui ne l'avait pas vu. Cependant ce fait était attesté par quantité d'anciens soldats qui avaient guerroyé en Vendée. Au demeurant, tout n'était-il pas croyable d'un homme qui, dans un rapport aux généraux Chalbos et Boulard, en date de juillet 1793, constatait qu'il avait lui-même mis le feu au château de la Roche, appartenant aux Bejarry, chefs vendéens.

Un jour de revue, à Milan, Henri du Boishamon avait espéré pouvoir approcher Tuncq d'assez près pour examiner attentivement sa boutonnière. Il vit bien plusieurs objets suspendus à l'un des revers de l'habit du général, mais ne put distinguer précisément de quelle nature ils pouvaient être.

En somme, Henri du Boishamon éprouvait peu de sympathies pour Tuncq, qui, quelque temps après, causa une violente tentation au sergent-major de la 2e compagnie du 1er bataillon de la 30e demi-brigade. Ce bataillon était en marche pour franchir un défilé, dans les montagnes du Tyrol. Henri du Boishamon était resté en arrière de la colonne. Tuncq, qui, lui aussi, s'était attardé, arrive comme un furieux, le sabre levé sur le sergent-major isolé et l'accable d'injures. Le sous-officier, l'ancien chef de Chouans, avait bien envie de loger la cartouche de son fusil dans le corps de cet homme, qui avait fait tant de mal aux royalistes. Il avait même ouvert déjà le bassinet et remué l'amorce, afin d'empêcher le coup de rater, lorsqu'il songea que l'explosion, répétée par les échos, donnerait inévitablement une alarme qui pourrait avoir pour lui-même un résultat funeste.

Il résulte de documents authentiques que le volontaire de la 30e demi-brigade servit avec honneur et loyauté, montra, en plusieurs occasions, une intrépidité et un sang-froid remarquables, et qu'il eût pu, comme tant d'autres, plus justement même que tant d'autres, parvenir à des grades supérieurs. Sa véritable position n'était connue, à l'armée d'Italie, que du quartier-maître de la 30e demi-brigade, M. Duhamel, (1) et de l'adjudant-général Mériage, qui, par un singulier jeu de la fortune, eut pour aide-de-camp, à cette même

(1) M. Duhamel était sous-inspecteur aux revues, à Dunkerque, sous la Restauration.

armée d'Italie, le capitaine Pierre du Boishamon, troisième frère de Henri. (1)

L'adjudant-général Mériage avait proposé plusieurs fois à Henri du Boishamon un avancement que l'officier républicain regardait comme mérité, mais le sergent-major avait toujours refusé.

Par une délicatesse d'autant plus honorable qu'elle est plus rare, Henri du Boishamon croyait ne pas devoir accepter de faveurs d'un ordre de choses qu'il se sentait appelé à combattre plus tard.

On lui a souvent entendu dire qu'au temps où il était à l'armée d'Italie, il avait toujours envisagé sans amertume et sans regrets, vu sa position, la mort qui pouvait le frapper à chaque instant ; mais qu'il redoutait singulièrement la perte de quelque membre, sous un drapeau qui n'était pas le sien.

En affirmant plus haut que Henri du Boishamon aurait mérité de l'avancement *plus que bien d'autres*, qui en avaient obtenu, il n'y a pas d'exagération.

D'abord, il avait antérieurement déjà exercé des commandements avec une rare distinction, et y avait fait preuve des meilleurs talents militaires. Il existe à cet égard quantité d'irrécusables attestations. (2) En second

(1) Pierre du Boishamon fut tué en Prusse, dans une bourgade de la Poméranie, à l'âge de 29 ans. Il était chef de bataillon d'infanterie.

(2) Voir pièces justificatives, N°s 5 et 9.

lieu, il y avait, dans les armées d'alors, des officiers qui étaient loin d'être à la hauteur de leur grade.

L'adjudant-général Mériage, qui appelait souvent, pour causer avec lui, le sergent-major, dont, ainsi qu'il a été dit, il connaissait le vrai nom et la situation véritable, les qualifiait *d'officiers de cheminée*.

Henri du Boishamon vit un jour l'un de ces incapables engager maladroitement, sous le feu du fort de Bard, en Piémont, à neuf lieues d'Aoste, deux régiments qui y furent décimés. Celui qui les commandait ne sut comment tirer ses hommes du mauvais pas où il les avait entraînés. Un militaire d'un grade subalterne dut prendre sur lui d'indiquer les moyens de dégager ces malheureux régiments.

Tant de fatigues endurées par Henri du Boishamon pendant la guerre faite aux républicains dans le pays de Vitré ; quantité de nuits passées dans la neige pendant les campagnes d'Italie lui avaient blanchi les cheveux, bien qu'il n'eût que vingt-six ans, et lui avaient amené des douleurs rhumatismales qui lui rendaient très pénible, depuis quelque temps, le service militaire. Mais il n'avait pas voulu abandonner son poste avant la fin de la guerre. Ce ne fut qu'à ce moment qu'il demanda un congé de réforme, qui lui fut accordé le 18 pluviôse an X (7 février 1802). (1)

(1) Pièces justificatives, N° 3.

Il partit de Mantoue pour revenir en France. La République avait peu tenu compte de la présence de Henri du Boishamon sous ses drapeaux.

Par arrêté du département d'Ille-et-Vilaine, en la séance du 21 floréal, an VI (10 mai 1798), la portion des biens qui devait revenir à ce jeune émigré, du chef de son père Geoffroy et de sa mère, Héloïse Henry de La Riollais, avait été expertisée pour être réunie au domaine national; et le 6 frimaire, an VII (26 novembre 1798), ces biens avaient été vendus et adjugés à la criée, en la salle de l'Administration Centrale du département, en la commune de Rennes; (1) mais, par ses bons soins, le citoyen Tiengou des Royeries, dont le dévouement pour son ancien protégé ne s'était pas ralenti, avait fait délivrer tous les certificats de résidence exigés par la loi du 25 brumaire de l'an III, pour faire rayer Henri du Boishamon de la liste des émigrés, et un acte consulaire du 6 ventose, an X (25 février 1802), avait ordonné cette radiation.

L'amnistie du 24 avril 1802 semblait devoir procurer sans retard aux *prévenus d'émigration* sûreté et tranquillité; mais il fallait tant de formalités, les autorités locales étaient si malveillantes, si tracassières, qu'en novembre 1802 seulement Henri du Boishamon put rentrer chez son père, avec la certitude de n'être plus inquiété.

(1) Pièces justificatives, N° 4.

Il épousa, le 14 mai 1810, Mademoiselle Marie-Antoinette de Bedée de La Bouëtardaye, fille de Marie-Annibal-Joseph de Bedée, ancien conseiller au Parlement de Bretagne, et de Dame Marie-Vincente de Francheville.

Le père de Mademoiselle Marie-Antoinette de Bedée était cousin germain de l'illustre Chateaubriand, dont la mère était Pauline-Jeanne-Suzanne de Bedée de La Bouëtardaye.

Marie-Antoinette de Bedée avait neuf ans quand son grand-père, le comte de Bedée de La Bouëtardaye, son père, et sa tante, Mademoiselle Caroline de Bedée de La Bouëtardaye, l'emmenèrent en Angleterre, où elle passa tout le temps de l'émigration.

Fille unique, elle devait hériter d'une grande fortune; mais tous les biens auxquels elle avait droit ayant été vendus nationalement, elle ne retrouva, à son retour en France, qu'une bien faible portion de son héritage. Dans cette portion était le château de Monchoix, mentionné plusieurs fois aux *Mémoires d'Outre-Tombe*, comme le lieu où Chateaubriand venait passer ses vacances, au temps où il était écolier à Dol.

Cette propriété avait été rachetée de la Nation par Madame de Gouyon du Vaurouault, uniquement dans le but de la rendre à la famille de Bedée, qui en reprit effectivement la possession aussitôt après sa rentrée en France.

Quant au reste de ce que Marie-Antoinette de Bedée avait perdu, la loi d'indemnité devint une lettre morte. Assurément, la part de ses biens, vendue par la République, se montait, en capital, à plusieurs centaines de mille francs. Grâce à toutes les fins de non-recevoir qui lui furent opposées, elle avait reçu une minime somme quand arriva la Révolution de 1830 ; il lui revenait encore 3,000 francs sur *le fonds commun;* mais cette réserve fut immédiatement confisquée après l'avénement du gouvernement de Juillet.

Il résulte de ceci que Henri du Boishamon et sa femme ne profitèrent guère du fameux milliard dont se prévalent certaines gens pour se pavaner plus à leur aise dans les dépouilles des émigrés.

Quantité de familles spoliées par la République ne reçurent qu'une faible compensation de ce qu'elles avaient perdu ; l'indemnité fut absorbée, d'ailleurs, pour la plus grande partie, par un certain nombre de familles de grand nom, dont les chefs avaient donné dans la Révolution et qui restèrent en hostilité permanente contre la Restauration.

La famille d'Orléans, elle seule, eut plus de seize millions d'indemnités.

Depuis son retour d'Italie, Henri du Boishamon, uniquement adonné à continuer des études que tant d'événements avaient interrompues depuis 1790, vécut chez son père, au manoir de la Lande, dans la retraite la plus absolue, jusqu'au 26 mai 1815, jour où le roi Louis XVIII fit de nouveau appel à son dévouement. Il en était pourtant sorti une fois, en janvier 1814, pour assister aux séances des Commissions de secours à accorder aux vétérans et aux blessés des armées royales, « car ce n'étaient pas des pensions, c'étaient des *secours*, » une aumône, que les ministres de Louis XVIII dai- » gnaient leur accorder.

» Cette Commission était rassemblée à Rennes, sous » la présidence du général du Boisguy. Le général » Frère commandait la place; M. Tiburce Sébastiani » était colonel du régiment de ligne en garnison dans » cette ville.

» Les Jacobins de Rennes, renforcés par ceux des » villes voisines, résolurent de faire une manifestation » contre les royalistes, et surtout contre du Boisguy, » dont la gloire leur était odieuse.

» Le 9 janvier, MM. Henri et Joseph du Boishamon » et Garnier de La Villesbret se rendaient à la Pré- » fecture. Au bout de la rue du Point-du-Jour, ils » furent accueillis par les cris de *hou! hou!* par des » vociférations contre du Boisguy et les Chouans en » général. Ces trois officiers gagnent cependant la » promenade de la Motte. Dans ce moment, à la porte » même de la Préfecture, Bigot, vieux capitaine, cou-

» vert de blessures, était assommé à coups de bâton.
» MM. du Boishamon et de La Villesbret, toujours serrés de près, n'ayant même pas une arme pour se défendre, allaient être accablés aussi par cette bande de furieux ; mais tout-à-coup un tambour de la garnison, témoin de cette lâche attaque, monte sur le parapet de la promenade, et, tirant son sabre :

« — Qui m'a donné, » s'écrie-t-il, « ce tas de J... F..... contre trois braves gens ! » Cette apostrophe et la vue du sabre nu imposent un moment, et les trois royalistes parviennent à s'échapper.

» Au plus fort de l'émeute, le général Frère, dont l'hôtel était, comme la Préfecture, en face de la Motte, se tenait tranquillement à une fenêtre, coiffé d'un bonnet de velours vert ; il regardait, impassible, ces scènes révoltantes, et encourageait par son attitude les exploits des assommeurs.

» La nuit suivante, du Boisguy partit pour Paris ; il alla rendre compte au ministre de la guerre de la conduite des chefs qui, disposant d'une garnison nombreuse, avaient laissé le champ libre à de pareils excès.

» On faisait la partie trop belle à l'émeute pour qu'elle s'arrêtât. Le 10, vers midi, MM. de Pontbriand, Aubert de Trégomain, Henri et Joseph du Boishamon, de Cintré et un brave capitaine de la division

» de Vitré, dont on regrette de ne pas savoir le nom, » étaient réunis à l'hôtel de Cintré, pour rédiger un » rapport des événements de la veille. Cet hôtel est » assailli, des vitres sont brisées, l'entrée forcée avec » des cris de fureur.

» Les officiers royalistes n'avaient qu'une carabine, » deux pistolets, un sabre et une épée ; ils sautent sur » ces armes. La foule hurlante se pressait dans l'esca- » lier comme la marée qui monte furieuse.

» Décidés à ne pas porter les premiers coups, mais à » résister vigoureusement, les six royalistes ouvrent à » deux battants les portes du salon ; ils présentent un » front résolu. Le capitaine de paroisse tenait la cara- » bine ; oubliant la réserve convenue, il couche en » joue les plus avancés. Il avait le doigt sur la détente ; » Henri du Boishamon le retint. L'attitude de ces six » hommes avait suffi pour repousser les assaillants : » en un moment l'escalier fut vide.

» De tels faits parlaient assez haut. Les provinces » de l'Ouest ne purent être surprises lorsque, après » onze mois, un trône ainsi entouré croula sous la » première attaque. » (1).

(1) *Histoire des Guerres de l'Ouest*, pages 389, 390 et 391, tome V.

CHAPITRE IV.

Les Cent Jours.

Les sentiments de dévouement à la Royauté, qui avaient guidé les habitants des pays insurgés contre la République, ne s'étaient point éteints sous l'Empire, et il n'en fallut pour preuve que l'enthousiasme avec lequel fut salué, dans toutes ces contrées, en 1814, le retour du roi Louis XVIII. Mais, depuis 1799, on était partout demeuré tranquille.

Napoléon, rentré aux Tuileries, après la sortie de l'île d'Elbe, dut s'appuyer, malgré lui, sur les doctrines révolutionnaires. Aussi son gouvernement envoya-t-il dans les départements de l'Ouest des commissaires extraordinaires qui, encourageant et suscitant la délation, créèrent, à l'exemple de leurs devanciers des plus mauvais jours, une classe de *suspects*. Au nombre des personnes signalées comme telles, furent particulièrement désignés, dans l'arrondissement de Montfort-sur-Meu (Ille-et-Vilaine), les deux frères Henri et Joseph du Boishamon, anciens officiers de l'armée royale de Bretagne.

Dès les premiers jours d'avril 1815, l'ordre de les arrêter et de les enfermer au château de Saint-Malo fut expédié à la gendarmerie de Montauban, commune dans laquelle ils résidaient. Prévenus à temps, ils ne jugèrent pas à propos de se laisser prendre. Poursuivis nuit et jour, ils purent échapper à toutes les recherches faites pour les découvrir. Rien n'avait pu, de leur part, justifier jusque-là une persécution aussi odieuse que celle qui s'exerçait contre eux. Mais, quand la position ne fut plus tenable, ils durent s'occuper de créer une résistance.

Ce fut à ce moment que M. le marquis de La Boëssière, maréchal-de-camp, arriva de Gand, muni des pouvoirs de commissaire extraordinaire de Louis XVIII en Bretagne. Il était porteur de l'ordre d'engager tous les fidèles sujets du Roi à prendre les armes contre Napoléon, et il avait qualité pour nommer les officiers.

Il expédia, à la date (1) du 26 mai 1815, un brevet de colonel à Henri du Boishamon, en lui prescrivant de prendre le commandement de l'ancienne division royaliste de Médréac, qui, de 1793 à 1796 et en 1799 avait été sous les ordres de M. Picot de Limoëlan et de M. le chevalier Félix de Botherel.

Cette division opérait dans le territoire qui forme aujourd'hui l'arrondissement de Montfort-sur-Meu, dans la partie de l'arrondissement de Dinan comprise entre cette ville et Montfort, et dans les communes de l'arrondissement de Loudéac, voisines de la petite ville de

(1) Voir aux pièces justificatives, N° 5.

Saint-Méen. Elle se nommait, en 1815, la 6e Légion Royale.

Henri du Boishamon sonda les dispositions du pays et les trouva assez favorables pour assurer qu'il correspondrait au mouvement qu'on lui avait annoncé comme devant avoir lieu très prochainement dans le Morbihan.

M. Gabillard, l'un des plus anciens chefs royalistes, connu par une bravoure scellée par de nombreuses et honorables blessures, fut nommé lieutenant-colonel de la division.

M. de Mellon, ancien chef de bataillon, descendant de Geoffroy Mellon, l'un des héros du *combat des Trente*, fut désigné pour major.

MM. Joseph du Boishamon, le chevalier Constant de Botherel, de Bedée du Moulin-Tizon, Garnier de La Villesbret et de Kersauson furent appelés à diriger les trois bataillons qui composaient la nouvelle division.

Les emplois de capitaine furent particulièrement remplis par MM. Lamour de Caslou, Le Levrout, Ferron de La Vairie, de Landeneuf, Renault, Bigot, François de Trégomain, Le Forestier, de Saint-Genys et Julliot du Plessis.

Les grades de lieutenant et de sous-lieutenant furent remplis par MM. le chevalier de La Villesbret, Drouet de Mongermont, le chevalier Lamour de Caslou, de Benazé, Henri du Hecquet de Rauville, de La Forêt,

Emile de La Monneraye, Demai, Marchand et Gaston de Lanjamet.

Une foule de jeunes gens de la ville de Dinan et des environs, tous propres à faire d'excellents officiers et appartenant aux familles les plus recommandables, vinrent se réunir de bonne heure à la division. Comme les cadres étaient remplis, ils furent formés en compagnie d'élite. On remarquait parmi ces jeunes gens MM. Pluvier, Royer de Linclays, les deux frères Le Tulle, Pierre de Serizay, Adrien de Saint-Mirel, Boscher de La Corbinière, Durand, les trois frères Ruben de Rays, Grignard, La Rocheaulion, Le Do, les trois frères Trouessard, et beaucoup d'autres.

Presque tous les élèves qui composaient le collége de Saint-Méen prirent aussi les armes et se réunirent à Henri du Boishamon, sous les ordres du brave et vaillant capitaine Renault, ci-dessus nommé, lequel, dans les précédentes campagnes, avait fait preuve de la plus brillante valeur.

Pour opérer le premier rassemblement, on n'avait que soixante-seize fusils et peu de munitions.

Le rendez-vous fut donné dans la forêt de Montauban.

On se porta d'abord sur cette petite ville, où l'on désarma la gendarmerie; on marcha ensuite sur Bécherel, où l'on prit quelques fusils; traversant les communes de Plouasne, Guitté, Médréac et Quédillac, on arriva par une marche forcée dans l'arrondissement de Loudéac.

Les royalistes ayant été vus presque simultanément sur plusieurs points éloignés les uns des autres, on crut qu'ils avaient une force numérique bien supérieure à celle qui existait réellement. Aussi les garnisons de Rennes, Montfort, Dinan et Loudéac furent-elles promptement sur pied.

Le jour où les royalistes occupèrent Bécherel, il y eut un grand émoi, quelques heures après leur arrivée, parmi eux et parmi les habitants.

On vit soudain apparaître dans une des rues un personnage en grand uniforme d'officier général, avec ceinture et cocarde tricolores. On crut immédiatement que ce ne pouvait être que le précurseur d'un corps ennemi, et Henri du Boishamon fut averti sur le champ.

Toute alarme cessa bientôt. Le personnage n'était autre qu'un des sous-lieutenants de la division royaliste, lequel étant allé, en dehors de Bécherel, faire une excursion à un château voisin, (1) avait découvert, en visitant les appartements de ce château, alors vide d'habitants, un splendide uniforme, appartenant au propriétaire, qui avait occupé un haut grade dans les armées impériales. (2)

(1) Château de la Tour.

(2) L'adjudant-général G.......

La plaisanterie fut peu goûtée du chef royaliste, qui réprimanda fort le général improvisé et le renvoya, sous peine d'un sévère châtiment, reporter le brillant uniforme là où il l'avait pris.

En parcourant le pays, Henri du Boishamon fut rejoint par quantité de soldats anciens et nouveaux. Ces derniers furent immédiatement exercés, et le corps reçut une organisation régulière. On chercha à rencontrer l'ennemi, mais il ne se présenta nulle part. La garnison de Montfort sortit pourtant une fois pour attaquer la division, qui se trouvait à Montauban; mais, arrivée à une demi-lieue de cette petite ville, cette garnison rétrograda sans qu'on ait, depuis, connu le motif de cette reculade.

Henri du Boishamon ayant eu connaissance que l'armée royale du Morbihan avait occupé Ploërmel, envoya Joseph du Boishamon et François de Trégomain auprès du général en chef de Sol de Grisolles, pour placer sa division sous les ordres de cet officier supérieur, et il leur enjoignit de rester dans le Morbihan, afin de solliciter une part dans les secours attendus par mer. Bientôt, par les soins de ces deux officiers, la division de Médréac reçut un armement complet, des munitions, des effets d'équipement en abondance, et elle fut chargée de faire parvenir des convois à Vitré et à Fougères.

Déjà les événements politiques avançaient. On ne

rencontrait aucun ennemi à combattre, et le résultat de la bataille de Waterloo était connu. Henri du Boishamon avait cantonné sa division dans le vaste établissement du collége de Saint-Méen. Il venait d'en envoyer la plus grande partie dans le Morbihan, sous les ordres de M. de Bedée du Moulin-Tizon, pour chercher un convoi considérable d'armes et d'effets destinés à la division de Fougères, lorsque, le 3 juillet 1815, il fut informé que trois détachements appartenant aux 15e et 86e de ligne, et à un bataillon de canonniers marins, étaient arrivés, le matin, de Rennes à Montauban, où ils se livraient à des excès de toute espèce. Ils avaient abattu le drapeau blanc, maltraité des habitants paisibles, et surtout les familles qui avaient fourni des soldats à l'armée royale.

Cette troupe était forte de cent et quelques hommes, tous anciens militaires. Elle venait du champ de Mai et avait avec elle dix-sept officiers.

Pour faire cesser les désordres, plusieurs habitants prévinrent ces derniers qu'il existait un corps royaliste dans le voisinage et que, s'ils ne s'empressaient pas de partir, ils seraient infailliblement attaqués. Les trois détachements résolurent alors de doubler l'étape et d'aller coucher à Broons.

Aussitôt que Henri du Boishamon fut informé de ce qui se passait, il partit de Saint-Méen avec cent hommes environ et marcha au pas de course sur le bourg de Saint-Jouan-de-l'Isle, placé sur une hauteur peu éloignée de la rivière de Rance. Là, il voulait couper la route à l'ennemi.

Presque toute la division ayant été, ainsi que nous l'avons dit plus haut, envoyée dans le Morbihan, la troupe qui restait à Henri du Boishamon se composait d'une partie de la compagnie d'élite de Dinan, de celle des écoliers de Saint-Méen, et de quelques hommes appartenant soit à celle de Médréac, soit à d'autres.

Dès que Henri du Boishamon fut arrivé au bourg de Saint-Jouan et qu'il eut appris que les soldats venant de Montauban n'étaient pas encore passés, il envoya une avant-garde de trente jeunes gens, commandée par Gabillard, pour s'emparer d'une position située sur une éminence, de l'autre côté du pont de l'Isle (route de Rennes à Brest). Il était indispensable d'occuper cette position, parce que, si l'on y fût arrivé en même temps que l'ennemi, une colonne n'aurait pu s'y déployer, la route formant une espèce de défilé en cet endroit.

Ce qui advint prouva combien cette précaution avait été prise à propos.

L'avant-garde royaliste, arrivant à la position, se trouva face à face avec les détachements, qui engagèrent le combat aux cris de : *Vive l'Empereur !*

Gabillard, sentant tout le danger qu'il y avait à rétrograder, abandonna la grande route.

Les impérialistes, craignant de voir venir des renforts, continuèrent leur marche. Gabillard reforma derrière eux sa troupe et les chargea vigoureusement.

Ils se trouvèrent bientôt resserrés sur le pont de l'Isle, où ils ne pouvaient ni se déployer, ni avancer, car deux compagnies royalistes étaient placées de l'autre côté de ce pont, de manière à faire un feu croisé sur ceux qui auraient voulu forcer le passage.

Dans ce moment, les jeunes gens de Gabillard pressaient tellement les impérialistes sur le pont de l'Isle, qu'ils étaient presque pêle-mêle avec eux.

Le major du 86e régiment, qui commandait les trois détachements, voyant l'impossibilité d'agir dans une si mauvaise situation, demanda à capituler.

S'étant avancé seul sur la grande route, Henri du Boishamon fut accueilli par deux coups de feu. Les balles vinrent frapper le bout du soulier de son pied gauche. Au même instant, de l'autre côté du pont, Gabillard recevait, presque à bout portant, une blessure très grave dans la cuisse. Comme Henri du Boishamon se retirait pour aller commander de faire feu, la troupe impérialiste, comprenant le danger qui la menaçait, remit instantanément ses armes aux royalistes de l'avant-garde, et les détachements se rendirent à discrétion. Dix-sept épées furent remises à Henri du Boishamon.

Au moment où les impérialistes déposaient les armes, le capitaine Mongermont et le lieutenant Saint-Genys furent placés en avant du pont, avec mission de répondre de la vie des officiers bonapartistes. Quand ces derniers arrivèrent devant les soldats royalistes, on leur cria : *Vive le Roi !* Le major du 86e régiment répondit : *Vive la paix ! vive l'union !*

— « Crie : *Vive le Roi !* » dit au major un nommé Vigoland, « ou je te passe ma baïonnette à travers le corps ! »

Le major n'ayant encore répondu que par le cri de : *Vive la paix !* Vigoland se lança sur lui. Le lieutenant Saint-Genys détourna l'arme et fit comprendre au soldat royaliste qu'il serait peu honorable de tuer un ennemi désarmé.

Henri du Boishamon fit rendre les épées aux officiers, et, s'adressant au major :

— « Vous voyez, Monsieur, » lui dit-il, « vous qui » maltraitez les femmes de ceux qui ont pris les armes » pour la cause royale, vous voyez que nous, que » vous traitez de brigands, nous sommes plus généreux » que vous ne l'eussiez été, si nous fussions tombés » entre vos mains. »

— « Sans aucun doute, » (1) répondit le major, « je » vous aurais fait fusiller. »

(1) Ceci a été nié par une lettre d'un adjudant-major du 47e de ligne, qui se trouvait à l'affaire de Saint-Jouan. Voir la réponse aux pièces justificatives, N° 6).

Les soldats impérialistes eurent des tués et des blessés. Tout le reste fut pris ; il ne s'en sauva que trois.

Des jeunes gens de la compagnie d'élite de la troupe royaliste mirent plusieurs fois une poignée de postes par-dessus leurs cartouches et allèrent tirer à quinze pas des soldats bonapartistes. Aussi, après le combat, vit-on plusieurs shakos percés à jour.

Les royalistes perdirent dans ce combat M. Guezille, jeune homme d'une grande espérance, qui s'était joint de son propre mouvement à l'avant-garde. C'était le chirurgien-major de la division.

Il fut remplacé dans ce poste par M. César Le Tulle, de Dinan.

La blessure de Gabillard était dangereuse ; une balle lui avait traversé une cuisse. (1) Ce fut par une insigne lâcheté qu'on tira sur lui, car la troupe avait capitulé. Il s'en fallut peu que ce coup de fusil ne devînt funeste aux impérialistes, car ce ne fut pas sans peine qu'on contînt bon nombre de soldats qui demandaient vengeance.

La troupe désarmée continua sa route pour Brest et alla coucher à Broons.

(1) Singulières coïncidences ! Dans la guerre de 1795, il avait reçu une balle dans la même cuisse et presque sur le même lieu ! Le capitaine de la paroisse de Saint-Gilles, Bigot, qui avait eu aussi, en 1795, un bras cassé par une balle, en reçut encore, au combat de Saint-Jouan, une qui lui fracassa le même bras.

Aucun autre événement remarquable ne se passa depuis ce combat. La division de Médréac, ayant reçu des armes, fut organisée et exercée avec soin. Elle proposa de servir pendant quatre années, mais sa demande ne fut pas accueillie. Louis XVIII s'était laissé imposer des ministres parmi lesquels se trouvait un régicide. Aussi, au lieu de reconnaître le dévouement de tant de braves royalistes, on ne chercha qu'à les humilier et à les abreuver de dégouts ; ils dévorèrent ces affronts en silence et n'en restèrent pas moins dévoués de cœur et de corps aux princes légitimes.

CHAPITRE V.

Nominations de Chef de Bataillon et de Chevalier de Saint-Louis, de Colonel des Gardes Nationales. — Conflits. — Démission de Chef de Bataillon. — Procès.

Henri du Boishamon eut une large part dans les injustices qui furent commises, après la seconde Restauration, envers ceux qui avaient combattu pour la cause royale.

Les Bourbons auraient dû se faire des provinces de l'Ouest une citadelle toujours approvisionnée. Au contraire, l'un des premiers actes de leur gouvernement fut de les désarmer. Dès le 9 août 1815, le baron Pasquier, chargé du portefeuille du Ministre de l'intérieur, envoyait aux préfets de l'Ouest une circulaire pour ordonner le licenciement de tous les corps royalistes et le renvoi *à leurs occupations ordinaires* de tous ceux qui les composaient. Il avait bien soin de faire savoir que tous les officiers de ces corps qui demanderaient à entrer dans l'armée n'y seraient pas reçus avec les grades qu'ils avaient occupés.

On voyait clairement dans la circulaire du baron Pasquier que le Ministère voulait se débarrasser au plus vite des royalistes. Cependant Monsieur le baron avait su trouver quelques mots sonores ; il avait su conserver des formes hypocrites de dévouement au Roi, pour ne pas exciter trop d'irritation.

Fouché, lui, avait gardé l'insolente crudité de son cynisme ; dans une note confidentielle à son agent Paul Bovet, il écrivait, le 11 août 1815 :

« Il faut donc, à quelque prix que ce soit, obtenir le » désarmement ; les alliés l'exigent, et, s'ils ne l'exi- » geaient pas, je saurais bien les y forcer. Nous nous » entendrons toujours avec les révolutionnaires. C'est » un peu plus ou un peu moins de concessions à leur » faire, selon la circonstance ; avec les royalistes, il » n'en est pas ainsi : ils nous détestent de longue date ; » il faut donc les perdre dans l'esprit du Roi. »

C'est pourquoi Fouché, dans un rapport à Louis XVIII, représentait les départements de l'Ouest comme prêts à établir l'anarchie, de concert avec l'armée de la Loire.

Le 15 août 1815, le général Barbou, commandant la 13e division militaire, expédia de Rennes aux corps royalistes l'ordre de se dissoudre immédiatement.

Les Bretons furent stupéfaits d'une pareille mesure.

Le marquis de La Boëssière, chef d'état-major de l'armée royale de Bretagne, en adressant une copie de cet ordre à tous les chefs divisionnaires, ne craignit pas de leur écrire :

« Ne vous inquiétez pas de l'ordre du général Barbou ; conservez les hommes qui veulent servir et » prévenez les autres de se tenir toujours prêts à » répondre à l'appel. »

Henri du Boishamon suivit les prescriptions du général de La Boëssière. En dépit de Pasquier et de Fouché, il maintint sous les armes sa division, jusqu'au moment où il reçut avis que toutes les dépenses qui seraient faites pour la nourriture et l'entretien de ses soldats seraient à l'avenir à ses *charges personnelles*.

Le moyen était péremptoire à l'égard d'un homme dont la Révolution avait confisqué le patrimoine ; aussi eut-il son effet.

Par ordonnance du 20 mars 1816, Henri du Boishamon fut nommé commandant des gardes nationales de l'arrondissement de Montfort, avec rang de colonel.

Le vieux Couësbouc, (1) ancien chef de la division de Vitré, se souvenant des services importants rendus à la cause royaliste par Henri du Boishamon, s'indignait de ce qu'aucune récompense n'avait encore été accordée à cet officier ; le 22 novembre 1815, il prit l'initiative et demanda instamment la croix de Saint-Louis pour son ancien compagnon d'armes. Cette prière fut exaucée, et, par ordonnance du 17 juillet 1816, Henri du Boishamon fut fait chevalier de Saint-Louis.

Une commission avait été instituée, au ministère de la guerre, pour l'examen des demandes de ceux des anciens officiers des armées royales de Bretagne qui désireraient continuer le service militaire.

Henri du Boishamon avait sollicité de l'emploi, avec confirmation du dernier grade qu'il avait occupé, celui de colonel de la 6e Légion Royale.

D'après des dispositions de la commission, ainsi conçues : « Les brevets obtenus dans les armées royales de » l'intérieur devront toujours être présentés en origi- » naux ; aucunes copies, même légalisées, ne seront » admises, » Henri du Boishamon ne put représenter le brevet de lieutenant-colonel qui lui avait été délivré le 10 mars 1796. Pendant qu'il était absent de la maison paternelle, ce brevet en avait été enlevé, à cause des nombreuses perquisitions qui étaient faites

(1) Pièces justificatives, No 7.

à la Lande, et mis en lieu de sûreté. Les personnes qui avaient pris soin de soustraire ce papier à l'inquisition révolutionnaire ne se souvenaient plus en quel endroit elles l'avaient porté. Henri du Boishamon le chercha donc en vain, et après son retour d'Italie et en 1815. (1) Mais il pouvait représenter le brevet de colonel du 26 mai 1815 ; cependant la commission ne voulait le reconnaître que pour capitaine, malgré les propositions, en date du 14 janvier 1816, de M. le prince de La Trémoille, qui avait été investi pour la Bretagne d'un commandement qu'il n'exerça pas. (2)

Le lieutenant-général comte de Viomenil, le maréchal de camp marquis de La Boëssière, MM. de Couësbouc, du Boisguy, de Pontual, de Botherel, du Plessis de Grénédan, de Bedée, de La Villebrune, d'Allonville, préfet d'Ille-et-Vilaine, Dupont des Loges, premier président de la Cour Royale, le vicomte de Chateaubriand, firent parvenir (3) au Ministère de la guerre les plus vives réclamations contre pareille injustice.

Ces réclamations eurent leur effet.

(1) Le brevet avait été caché au fond d'une armoire, dans un appartement qu'avait sur les Lices, à Rennes, le père de Henri du Boishamon. Il a été retrouvé dans cette même armoire, en 1834. (Pièces justificatives, N° 1.)

(2) Pièces justificatives, N° 8.

(3) Pièces justificatives, N° 9.

Par ordonnance du 25 décembre 1816, Henri du Boishamon fut nommé chef de bataillon, pour prendre rang du 1er janvier 1800. (1)

Il croyait avoir mérité mieux, mais il devenait l'un des plus anciens chefs de bataillon de l'armée. C'était un gage de prochain avancement. Il se montra satisfait de cette nomination.

Le 16 août 1817, il fut chargé du commandement du 3e bataillon de la légion de la Somme. (2)

Le 12 avril 1819, il reçut l'ordre de passer dans la légion de l'Oise, en remplacement du commandant Cavaignac, qui permutait avec lui, et de rejoindre à Paris son nouveau régiment. (3)

Mais, d'un coup de plume, cet ordre supprimait les seize ans de grade attribués par le Roi lui-même, dans son ordonnance du 25 décembre 1816, à Henri du Boishamon.

Ce dernier eut beau protester contre une aussi criante injustice, réclamer, faire intervenir en sa faveur les personnes les plus haut placées, le Ministre resta sourd à toutes les demandes.

L'officier royaliste ne pouvait se décider qu'avec

(1) Pièces justificatives, N° 10.

(2) Pièces justificatives, N° 11.

(3) Pièces justificatives, N° 12.

peine à briser une épée qu'il avait toujours portée avec tant d'honneur ; mais l'indignation l'emporta ; dans le courant de juin 1819, il envoya sa démission, qui fut acceptée le 30 du même mois. (1)

En 1846, après la mort de Henri du Boishamon, comme il avait occupé le grade de chef de bataillon, ses papiers durent être visités, suivant des règlements militaires, par un officier. Celui qui fut désigné pour procéder à cet inventaire s'acquitta de sa mission de la manière la plus convenable ; mais il fut indigné, lui aussi, de cette suppression de seize ans de grade. Après avoir constaté tous les services en faveur de la cause royale, il ne put s'empêcher de s'écrier : « Il fal-» lait que M. du Boishamon fût bien ferme dans ses » principes pour rester attaché à la Restauration, après » un pareil traitement ! »

En 1817, Monseigneur le duc d'Angoulême était venu à Rennes. Tous les commandants des gardes nationales du département d'Ille-et-Vilaine avaient été mandés pour lui être présentés. Henri du Boishamon ayant entendu parler de l'accueil peu bienveillant que le Prince avait fait ou laissé faire, en 1814, à d'anciens chefs royalistes, crut pouvoir se dispenser d'aller à Rennes.

Monseigneur le duc d'Angoulême lui fit envoyer

(1) Pièces justificatives, N° 13.

l'ordre de se rendre devant lui et lui dit d'un ton d'aigre reproche :

— « Il y a donc bien loin, Monsieur, de Montfort » à Rennes ? »

— « Quatre lieues, Monseigneur, » répondit Henri du Boishamon, sans ajouter un mot.

Mais l'orage se calma, car le jour même, 2 novembre 1817, le Prince faisait inviter à sa table le colonel des gardes nationales de l'arrondissement de Montfort. (1)

Par ordonnance royale du 7 septembre 1818, les commandements par arrondissement des gardes nationales furent supprimés.

Pendant que Henri du Boishamon avait exercé ce commandement, il avait reçu de tous les chefs supérieurs, et du comte d'Artois lui-même, (2) les plus flatteurs témoignages.

Quand il eut cessé ses fonctions, tous les officiers qui avaient été sous ses ordres, même ceux qui partageaient le moins ses opinions, lui écrivirent les lettres les plus sympathiques, pour lui exprimer leurs regrets de ne l'avoir plus pour chef.

Il serait trop long de les citer toutes. Nous ne citerons que celle qui lui fut adressée, le 12 octobre 1818, par le Préfet d'Ille-et-Vilaine. (3)

(1) Pièces justificatives, N° 14.

(2) Id., N° 15.

(3) Id., N° 15 bis.

Si Henri du Boishamon s'était distingué et par sa bravoure sur les nombreux champs de bataille où il avait pu en donner les preuves, et par son aptitude pour le commandement, quand il l'avait exercé, il avait en outre montré dans la formation de son bataillon de Vitré, de la 6e Légion Royale de 1815 et de la Légion des gardes nationales de l'arrondissement de Montfort, un grand talent d'organisateur et d'administrateur. La pièce qui résume et plus complètement et avec plus de justesse tous les témoignages rendus à Henri du Boishamon à ces divers points de vue est la lettre du général de La Boëssière, en date du 9 février 1816. (1)

Un autre fait constata aussi toutes les sympathies dont Henri du Boishamon était entouré ; ce fut une épée d'honneur qui lui fut offerte. On peut encore y lire l'inscription suivante, au-dessous d'une garde en argent, sur laquelle sont gravées les armes de la France d'alors :

« Les officiers de la 6e Légion Royale et de la Garde » Nationale à M. Henri du Boishamon, leur chef. »

Le commandement des gardes nationales lui valut d'être cité devant le tribunal correctionnel de Montfort.

Un jour, en 1817, il revenait d'exercer le bataillon du canton de Saint-Méen.

(1) Pièces justificatives, N° 9.

Au moment où il rentrait dans cette petite ville, un certain M. B....., ex-substitut, redevenu alors avocat, marchait à côté de lui, imitant d'une manière grotesque, avec un bâton, le maniement des armes, et faisant des contorsions telles que tous ses gestes, accompagnés de paroles malsonnantes, étaient évidemment un outrage public envers le corps armé commandé en ce moment par Henri du Boishamon.

Celui-ci, impatienté, admonesta vivement l'insulteur, qui était d'autant moins excusable qu'il avait naguère exercé des fonctions judiciaires, dont le souvenir aurait dû le maintenir dans une attitude digne et calme.

Il s'ensuivit une double assignation. M. B....., l'ex-magistrat, poursuivait Henri du Boishamon pour propos calomnieux, et le Procureur du Roi poursuivait M. B..... pour insulte à la garde nationale et à son commandant dans l'exercice de ses fonctions.

M. Bourdeau, alors Procureur général près la Cour Royale de Rennes, se montrait fort mou à l'égard de la poursuite intentée contre l'avocat B....., ce qui n'avait rien d'étonnant, M. Bourdeau étant tout-à-fait en faveur auprès du Ministère d'alors, si hostile aux royalistes. Un chef de Chouans traîné devant les tribunaux ! quelle bonne fortune pour beaucoup de gens, et même pour quantité de fonctionnaires, tels qu'il en existait à cette époque !

Henri du Boishamon avait choisi pour conseil M. Corbière, qui jouissait à Rennes d'une grande réputation comme avocat, et était alors membre de la Chambre des Députés. M. Corbière se montrait d'autant plus porté en faveur du commandant des gardes nationales, qu'il savait que celui-ci avait été le premier promoteur de sa candidature à la députation. En effet, des élections avaient eu lieu en 1815, pendant que Henri du Boishamon était encore à la tête de la 6e Légion Royale en armes. Les officiers avaient résolu, d'un commun accord, de porter leurs suffrages sur leur chef. Mais celui-ci ayant refusé péremptoirement un mandat qui lui aurait nécessité des charges que sa position de fortune ne lui permettait pas de supporter, leur avait indiqué M. Corbière, avocat à Rennes, comme l'homme à qui ses talents et ses inébranlables convictions assignaient naturellement une place dans la députation d'Ille-et-Vilaine.

M. Corbière savait cela et ne l'avait pas oublié. C'est pourquoi il dit à Henri du Boishamon :

« Vu tout ce qui se passe, je crois que vous serez » condamné à Montfort. Mais rappelez devant la Cour, » et je vous défendrai. »

Le 25 juillet 1817, jour de l'audience, était venu. La salle du tribunal s'était remplie de très bonne heure de quantité d'individus qui étaient partis de Rennes tout exprès pour avoir le plaisir de voir condamner un Chouan. Mais, de grand matin aussi, les routes qui conduisaient des chefs-lieux des divers cantons et des autres bourgs à Montfort étaient couvertes de tous les officiers, sous-officiers et d'une énorme foule de soldats appartenant à la Légion des gardes nationales de l'arrondissement, lesquels avaient également la curiosité de voir comment on allait juger leur chef. Comme lui, ils étaient tous en grand uniforme.

Ils entendaient être bien placés, à leur aise, dans la salle d'audience ; aussi, surent-ils s'y prendre de manière à la faire évacuer en un clin-d'œil par ceux qui l'occupaient depuis plusieurs heures.

L'affaire fut assez promptement jugée. Henri du Boishamon fut acquitté.

Le tribunal, ne voulant mécontenter personne, acquitta aussi l'avocat B.....

Le colonel des gardes nationales fut fêté pendant toute la journée, et nul contradicteur ne se présenta, car les voyageurs venus de Rennes avaient repris le chemin de cette ville, la plupart même sans attendre la décision des juges.

CHAPITRE VI.

Sous-Préfecture de Ploërmel.

Le 10 avril 1822, Henri du Boishamon avait été nommé membre du Conseil Général du département d'Ille-et-Vilaine ; mais il dut se démettre, même avant de l'avoir exercée, de cette fonction, ainsi que de celle de Maire de la petite commune du Boisgervily, arrondissement de Montfort, qu'il remplissait depuis le 15 octobre 1816. Par ordonnance royale du 21 août 1822, il fut appelé à la sous-préfecture de Ploërmel (Morbihan).

M. Corbière, alors Ministre de l'intérieur, n'avait pas oublié de quelle manière avait été brisée la carrière militaire de Henri du Boishamon ; il n'avait pas oublié non plus que cet officier avait été le premier à mettre en avant le nom de l'avocat Corbière pour la députation d'Ille-et-Vilaine. En provoquant l'ordonnance du 21 août, le Ministre voulait à la fois réparer une injustice commise par le Gouvernement du Roi et payer une dette personnelle de reconnaissance.

En arrivant à Ploërmel, Henri du Boishamon trouva pour Préfet du Morbihan M. le comte de Chazelles, gascon à l'esprit des plus vifs, aux manières charmantes, et enthousiaste dans son dévouement royaliste. Aussi ne fut-il pas longtemps sans être complètement dans ses bonnes grâces. Le Préfet s'était pris de la plus vive affection pour son Sous-Préfet de Ploërmel, qu'il allait souvent visiter.

« *Vive le Roi longtemps ! Vivent les Bourbons toujours !* » telle était la devise qui se trouvait sans cesse dans la bouche ou sous la plume de M. de Chazelles, mais qui sortait encore plus de son cœur, car ce n'était qu'une expression bien vraie de son ardent royalisme.

Cette devise, qu'il avait fait inscrire sur la plaque destinée à être ajoutée au monument élevé, en 1819, sur la lande de Mi-Voie, à la mémoire des Trente, il la proclama bien haut le 6 juillet 1823, jour où eut lieu la cérémonie de la pose de cette plaque, et ce cri, sorti de sa poitrine, à la fin du discours qu'il prononça, fut répété par des milliers de personnes, accourues de tous les points du département du Morbihan et des départements voisins pour assister à cette nouvelle fête nationale.

Les noms des illustres combattants de 1351 n'étaient pas seulement inscrits, ce jour-là, sur le monument de granit ; mais trente colonnes pavoisées avaient été élevées entre les arbres verts qui formaient avenue au-devant de la colonne principale, et sur chacune figurait le nom de l'un des Trente. Bien plus, sur une estrade d'honneur était assis un descendant de Geoffroy

Mellon. C'était M. de Mellon, ancien chef de bataillon, chevalier de Saint-Louis, alors Maire de Montauban (Ille-et-Vilaine).

L'Administration préfectorale, de concert avec le général commandant le département, avait fait venir, pour donner plus d'éclat à la solennité, tout ce qui se trouvait de troupes disponibles.

Le Sous-Préfet de Ploërmel, de son côté, avait invité, dans toutes les communes de son arrondissement, à assister à la cérémonie, tous ceux qui auraient pu y figurer en armes.

Cet appel avait été entendu. La réunion était des plus imposantes et des plus pittoresques, vu la variété des costumes, sous laquelle disparaissait la maigre bruyère de l'immense lande.

Après le discours prononcé par le Préfet du Morbihan, M. le général marquis de La Boëssière prit la parole. Sa voix, bien connue des populations morbihannaises, leur était on ne peut plus sympathique. M. de La Boëssière possédait d'ailleurs une éloquence qui, étant l'expression des sentiments les plus chevaleresques, ne manquait jamais de produire son effet. Mais, ce jour-là, le bon général n'avait pas eu le temps de relire les quelques mots qu'il avait confiés au papier. Quand son tour de parler fut venu, il exprima le désir d'être pourvu d'un souffleur et fit appel aux amis de bonne volonté qui l'entouraient. M. du D...... se présenta et reçut le manuscrit. Mais, ô fatalité! les lettres n'étaient tracées qu'au crayon et à demi-effacées. Quand le général se tournait vers son souffleur, celui-ci était occupé à déchiffrer les mots et laissait l'orateur en suspens.

Le discours languissait. Enfin, M. de La Boëssière, en homme plein de finesse et d'esprit d'à-propos, s'adressant à ses nombreux auditeurs, leur dit :

« — Messieurs, est-il étonnant que les préoccupa-
» tions de cette grande journée ne m'aient pas permis
» de faire ce qu'il aurait fallu pour mériter aujourd'hui
» le prix de mémoire? »

Tout le monde applaudit.

En 1828, la lande de Mi-Voie vit une autre fête, non moins intéressante : ce fut quand le monument des Trente, entouré de tous les Chouans, restes des anciennes guerres, en armes, reçut la visite de Madame la Duchesse de Berry.

Mais Henri du Boishamon n'était plus alors Sous-Préfet de Ploërmel ; une ordonnance royale, en date du 14 mai 1826, l'avait appelé à la sous-préfecture de Saint-Malo.

Henri du Boishamon n'avait trouvé dans l'arrondissement de Ploërmel que des populations pacifiques et les plus vives sympathies, même chez ceux qui ne partageaient pas ses opinions.

Ainsi, aux élections de 1824, il avait su se concilier les esprits de manière à affaiblir et à faire presque disparaître les divisions politiques. Dans le collége de l'arrondissement de Ploërmel, il n'y eut que quatre voix opposantes.

M. Corbière félicita Henri du Boishamon par une lettre du 4 mars 1824. (1)

Il est juste de dire que le candidat était M. le marquis de La Boëssière, qui, par ses bienfaits, était la providence du pays, et, par sa bienveillante aménité, savait gagner tous les cœurs.

Le Sous-Préfet de Ploërmel recevait tous les jeudis, et l'on aurait peine à deviner ce qui constitua pendant quelque temps un des principaux agréments de ses soirées.

Le comte de Chazelles, Préfet du Morbihan, avait en grande amitié et en grande estime, comme il a été déjà dit, Henri du Boishamon. Un jour que, partant pour Paris, il avait, en passant, pris gîte à la sous-préfecture de Ploërmel, sa femme, qui l'accompagnait, y laissa en dépôt une perruche, renfermée dans une charmante boîte d'acajou, splendidement doublée en ouate et pourvue de tout le confortable que pouvait désirer un oiseau chéri. Cette affection n'était pas mal placée, car c'était le volatile le plus aimable et le

(1) Pièces justificatives, N° 16.

mieux éduqué que l'on pût voir. Il possédait un langage tout-à-fait gracieux.

Quand les invités du Sous-Préfet remplissaient son salon, le jeudi soir, la perruche faisait leurs délices par son caquetage, dont le répertoire était des plus variés. Elle avait reçu, il n'est pas besoin de le dire, une éducation essentiellement royaliste. Quand, postée sur la cheminée, près de la pendule, elle avait chanté, avec une espèce de grasseyement des plus coquets, sa chanson favorite :

« Quand je bois du vin clairet,
» Tout tourne, (*bis.*)
» Quand je bois du vin clairet,
» Tout tourne
» Au cabaret. »

Elle terminait cette chanson, ainsi que toutes les autres, par le cri de : *Vive le duc de Bordeaux !*

Elle volait alors sur toutes les tables pour faire ses révérences aux joueurs de cartes et pour exécuter ses manifestations politiques.

L'attention était surtout excitée quand la perruche allait, à une certaine table, se placer devant un des partenaires, alors juge au tribunal, propriétaire-acquéreur du couvent des Carmes, et parfaitement connu pour ses opinions anti-bourboniennes.

L'oiseau semblait vouloir le châtier par l'insistance avec laquelle il saluait de ses chants royalistes l'infor-

8

tuné magistrat. Il faut être juste : le patient s'exécutait de bonne grâce, et jamais un signe de mécontentement, même d'impatience, ne se trahissait sur sa physionomie.

En 1824, M. le curé de Josselin alla informer le Sous-Préfet de Ploërmel qu'une bénédiction de cloches aurait lieu dans l'église de Josselin, et que la cérémonie serait présidée par Mgr de Bruc, alors évêque de Vannes.

Henri du Boishamon fut instamment prié d'être parrain de l'une de ces cloches, ce qu'il accepta. On lui dit que la marraine serait Mlle de B....., dont il ne lui fut pas donné plus ample description. Le Sous-Préfet s'imagina que ce devait être une femme d'un âge mûr, retirée du monde et uniquement occupée d'œuvres pieuses. Il régla donc ses projets d'emplettes de baptême suivant cette pensée. Peu après il se mit en route pour faire visite à sa commère et fut reçu par une personne telle que celle dont il s'était créé intérieurement le portrait. Mais, aux premiers mots du compliment qu'il avait commencé, il fut interrompu par ces paroles : « Pardon, Monsieur, ce n'est pas » avec moi que vous devez nommer, mais avec une » nièce que j'ai élevée ici. »

En même temps une porte s'ouvrait et le Sous-Préfet se trouvait en présence d'une jeune fille de dix-neuf ans. Il n'eut qu'à donner une autre destination à son compliment, mais il dut changer ses projets d'emplettes.

Au jour marqué pour la nomination des cloches, l'évêque de Vannes, si certains souvenirs sont exacts, avait consacré la matinée à l'administration du sacrement de confirmation, et, vers midi, était processionnellement conduit au presbytère, où un splendide repas réunit, peu d'instants après, en sa compagnie, parrains et marraines, un nombre considérable d'ecclésiastiques, ainsi que quantité de châtelains et châtelaines des environs.

M. le curé de Josselin avait eu l'amabilité d'inviter aussi une tante du Sous-Préfet, laquelle se trouvait alors de passage à Ploërmel, Mlle Caroline de Bedée de La Bouëtardaye.

C'était une femme très spirituelle, qui, dès lors, touchait à la soixantaine. Elle excita vivement la curiosité de tous les convives, à raison de sa parenté avec Chateaubriand, dont elle était cousine germaine.

Après le dîner, on se rendit du presbytère à l'église sans apparat religieux, chacun comme simple particulier.

Mgr de Bruc ne crut point déroger à la dignité épiscopale en offrant, suivant les traditions de la bonne compagnie, son bras à Mlle de Bedée. Tous deux traversèrent ainsi la foule des curieux, qui ne donna que des marques de respect. La cérémonie fut des plus brillantes à l'église.

Pendant toute la journée, le Sous-Préfet reçut le meilleur accueil des populations réunies à Josselin pour la fête.

Mais les temps approchaient où Henri du Boishamon devait quitter Ploërmel. Le Ministre de l'intérieur l'en fit prévenir.

Henri du Boishamon écrivit à M. Corbière pour le prier de le laisser à Ploërmel, où, depuis quatre années, il avait vécu au milieu des plus agréables relations et dans les conditions de la vie la plus commode.

Mais le Ministre lui répondit que c'était pour de bonnes raisons, qu'on l'avait choisi pour un poste difficile.

Par ordonnance du Roi, en date du 14 mai 1826, Henri du Boishamon était nommé Sous-Préfet de Saint-Malo.

On lui enjoignait de s'y rendre sans retard, afin d'avancer le temps voulu par la hiérarchie administrative pour être promu à un poste élevé.

Il dut obéir.

Dans une lettre écrite à M. Corbière, le 18 mai 1826, le Préfet du Morbihan exprimait les plus vifs regrets de perdre son Sous-Préfet de Ploërmel.

Henri du Boishamon avait été nommé chevalier de la Légion-d'Honneur le 19 mai 1825. (1)

CHAPITRE VII.

Sous-Préfecture de Saint-Malo.

La ville de Saint-Malo était en général hostile au gouvernement des Bourbons. Elle possédait ce qu'on appelait alors un *Comité-Directeur*, qui était en correspondance avec les meneurs parisiens de l'opposition dite *libérale*, et en recevait des ordres. Il avait sous sa main une jeunesse nombreuse, ardente, qu'il lançait dans des émeutes et dans des manifestations hostiles à l'autorité, chaque fois que l'occasion se présentait.

Le Sous-Préfet de Saint-Malo se trouva plusieurs fois en butte aux cris tumultueux de séditions de cette nature.

Le chef du Comité malouin, quoique bien connu, ne se montrait jamais. Mais, de ces jeunes gens qu'il excitait au tapage, la plupart étaient doués d'instincts généreux ; ils ne pouvaient s'empêcher de rendre hommage à l'attitude ferme du magistrat qui se jetait toujours et

(1) Pièces justificatives, N° 17.

résolûment au milieu d'eux pour leur parler un langage auquel ils cédaient le plus souvent.

Si, pendant son séjour à Saint-Malo, Henri du Boishamon eut à traverser bien des heures mauvaises, il eut aussi de larges compensations.

Ainsi, le 14 septembre 1827, il fut chargé de recevoir à la limite du département d'Ille-et-Vilaine Madame la Dauphine, qui venait visiter la Bretagne.

Quand cet ordre lui parvint, il le regarda comme une de ces faveurs qui récompensent une vie de dévouement et de sacrifices. Mais pourquoi fallut-il, hélas ! que la faiblesse de la nature humaine vînt se jeter en travers de l'accomplissement d'un devoir qui, pour le Sous-Préfet de Saint-Malo, était la plus douce tâche qu'on eût jamais pu lui imposer ?

Pour être au niveau de la région où était montée son âme royaliste, il lui semblait que ses forces physiques auraient dû tripler, en raison de sa constitution robuste. O fatalité ! en ce moment, elles le trahirent.

Arrivé à Dol, le 13 septembre, au soir, il venait à peine de se mettre au lit, quand il fut pris subitement d'une indisposition tellement grave que les médecins, appelés par son fils aîné, qu'il avait emmené avec lui, déclarèrent que si cet état continuait, le malade ne tarderait pas à succomber.

Enfin, vers cinq heures du matin, une sensible amélioration s'était produite. A neuf heures, le Sous-Préfet de Saint-Malo, quoique très souffrant encore, attendait Madame la Dauphine, à l'entrée de la ville de Dol.

Au moment où il se présentait à la portière de la voiture de l'auguste fille de Louis XVI, celle-ci daigna lui dire :

« — Surtout pas de discours, Monsieur du Bois-
» hamon, il y a longtemps que vos actions ont parlé
» pour vous et que vos sentiments nous sont connus. »

Il invita la Princesse à visiter la remarquable cathédrale de Dol.

Elle refusa, prétextant la célérité qu'elle était obligée de mettre dans sa marche, afin d'arriver à Rennes à l'heure marquée pour sa réception.

— Mais cette cathédrale, reprit le Sous-Préfet, est veuve de son dernier évêque, Monseigneur de Hercé, fait prisonnier à Quiberon, et fusillé à Vannes avec M. de Sombreuil.

— Avez-vous une calèche prête pour me conduire ? demanda la duchesse d'Angoulême.

Dans la prévision que Madame la Dauphine ne passerait pas outre, après l'évocation d'un pareil souvenir, une voiture, proposée par M. Amsinck, propriétaire voisin, avait été préparée et attendait à quelques pas.

Quoique la population de Dol ne fût pas en général favorable aux Bourbons, elle se montra fort respectueuse sur le passage de Son Altesse Royale. La cathédrale fut envahie. Ce fut au milieu du flot toujours croissant d'une multitude faisant la haie sur son passage que Madame la Dauphine put, à grand' peine, ayant à sa droite le Sous-Préfet et à sa gauche le Curé, suivi d'un nombreux clergé accouru des environs, parcourir la nef et les bas-côtés de cette belle église.

Elle témoigna combien elle avait été ravie de cette visite.

Quelques instants après, elle prenait la route de Combourg, au galop de six chevaux. Le Sous-Préfet de Saint-Malo avait mission de la conduire jusqu'à Hédé, où l'attendait M. de Curzay, Préfet d'Ille-et-Vilaine.

Quand Henri du Boishamon s'était rendu au devant de Madame la Dauphine, à l'entrée de Dol, il s'était fait amener son cheval, afin de pouvoir partir en même temps que la Princesse. Lorsqu'il monta en voiture avec elle pour l'accompagner à la cathédrale, il donna l'ordre de laisser ce cheval à la même place. Mais comme si des destins contraires se fussent donné le mot pour troubler la joie du Sous-Préfet de Saint-Malo en cette circonstance, quand il revint pour prendre sa monture à l'endroit où il croyait la trouver, elle n'y était plus. Le garçon d'écurie l'avait reconduite à l'hôtel ! Il y eut au moins un quart d'heure de retard, pendant lequel les six chevaux qui emmenaient au grand galop Madame la Dauphine avaient une avance considérable.

Malgré cela, Henri du Boishamon arriva à Combourg en même temps que la Princesse. Mais quelle course pour un homme malade, sous un pesant et embarrassant uniforme ! Il s'en ressentit pendant plusieurs années. Quant à la pauvre jument qu'il montait, bête magnifique et vigoureuse, elle ne survécut guère à pareil effort.

A Combourg, des jeunes filles, vêtues de blanc, offrirent des fleurs à Madame la Dauphine.

Le Sous-Préfet demanda à Son Altesse si elle désirait visiter le château, berceau des Chateaubriand, mais elle refusa de descendre de voiture.

Elle renouvela à Henri du Boishamon la défense qu'à Dol elle lui avait déjà signifiée. Cette fois, l'ordre de ne plus la suivre était péremptoire. Il dut s'y conformer. Malgré une fatigue excessive, le Sous-Préfet remonta à cheval pour continuer sa route vers Rennes, et, grâce à des relais échelonnés sur plusieurs points, il arriva assez à temps pour être, dès le soir même, présenté par M. le vicomte de Curzay, Préfet d'Ille-et-Vilaine, à la Princesse, qui lui fit de nouveau le plus amical accueil.

Elle ne se borna pas là.

M. Geoffroy du Boishamon, père du Sous-Préfet de Saint-Malo, et vieillard octogénaire, fut aussi présenté à Madame la Dauphine.

— « Vous avez un fils bien entêté, » lui dit Son

Altesse ; « je l'ai grondé plusieurs fois aujourd'hui, » mais j'ai eu bien de la peine à m'en faire obéir. »

Le lendemain, 15 septembre, la Princesse avait fait inviter le Sous-Préfet de Saint-Malo à dîner à sa table.

Mais de nouvelles amertumes étaient réservées à Henri du Boishamon, et bientôt il allait avoir la douleur d'apprendre que sa destitution était proposée au Roi.

En novembre 1827, des élections avaient eu lieu à Saint-Malo et avaient amené la réélection de M. Garnier du Fougeray, homme d'un dévouement à toute épreuve, et qui, depuis plusieurs sessions, remplissait les fonctions de questeur à la Chambre des Députés.

Mais, le 5 janvier 1828, le Ministère Villèle fut remplacé par le Ministère de M. de Martignac.

L'élection de M. du Fougeray fut attaquée.

Soixante et quelques électeurs rédigèrent une dénonciation qui fut adressée à la Chambre des Députés, et dans laquelle le Sous-Préfet de Saint-Malo était accusé :

1° D'avoir laissé sur la liste électorale des individus indûment inscrits et n'atteignant pas le cens ;

2° De n'avoir pas mis de bonne grâce dans la réception des réclamations qu'étaient allés lui porter les opposants ;

3° De ne s'être pas suffisamment empressé de transmettre ces réclamations à la Préfecture ;

4° D'avoir envoyé des gendarmes chercher plusieurs individus pour les amener de force devant l'urne du scrutin.

Dans la séance du 15 février 1828, M. Dupin donna connaissance de cette pièce. Le 15 mars suivant, il lut un second rapport qui demandait l'annulation de l'élection de M. du Fougeray.

La Chambre prononça cette annulation, et de nouvelles élections furent fixées au 8 mai 1828. (1)

Dès le lendemain, la destitution du Sous-Préfet de Saint-Malo devait être présentée à la signature du Roi.

Le Préfet d'Ille-et-Vilaine, M. le vicomte de Curzay, homme d'une haute valeur et personnage très influent à la Chambre des Députés, avait protesté immédiatement contre la fausseté des allégations reproduites par M. Dupin, et il s'était hâté de demander des explications au Sous-Préfet de Saint-Malo.

(1) Parmi les individus qui avaient dénoncé le Sous-Préfet de Saint-Malo avec le plus d'acharnement, et demandé avec le plus d'insistance l'annulation de l'élection du Fougeray, se trouvait un personnage que le Gouvernement de Juillet pourvut d'un poste important. C'était une récompense méritée.

Le fougueux *invalidateur* de 1828 avait laissé un fils; celui-ci, nommé plusieurs fois député sous les divers gouvernements, et réélu en octobre 1877, a été *invalidé* lui-même par la Chambre actuelle.

Juste retour des choses d'ici-bas!

(Note insérée au manuscrit en 1879).

Celui-ci répondit :

1° Que les inscriptions sur la liste avaient été faites après production de pièces régulières ;

2° Que si les opposants n'avaient pas réclamé, en produisant des pièces contraires, ou s'ils l'avaient fait trop tard pour que leurs réclamations parvinssent à la préfecture en temps utile, la faute en était à eux seuls et non au Sous-Préfet, qui avait strictement et en tout exécuté ce que commandaient les prescriptions légales ;

3° Qu'il avait effectivement envoyé deux gendarmes à deux électeurs, ses amis personnels, d'une opinion bien connue, pour leur dire de se presser d'arriver avant la clôture de la séance, fixée à une heure qu'il leur indiquait.

Le Préfet d'Ille-et-Vilaine alla trouver le Ministre pour lui faire connaître dans toute sa vérité l'acte de violence dénoncé si haut par M. Dupin, et il ajouta que si l'on destituait le Sous-Préfet de Saint-Malo, il fallait étendre cette mesure à tous les fonctionnaires dévoués au Roi ; que c'était le plus sûr moyen d'accélérer le triomphe de la Révolution ; qu'il fallait le destituer aussi lui-même, Préfet d'Ille-et-Vilaine, et que l'on verrait ensuite quelle attitude il prendrait à la Chambre à l'égard du Ministère.

Devant ce ferme langage d'un homme aussi important que M. de Curzay, M. de Martignac ne parla plus de destitution. Le Préfet alla même plus loin ; il demanda une préfecture pour Henri du Boishamon. M. de Martignac assura à M. de Curzay qu'il songerait à la recommandation d'élever le Sous-Préfet de Saint-Malo à un poste plus considérable.

Fort de cette promesse, le Préfet d'Ille-et-Vilaine revenait souvent à la charge auprès du Ministre de l'intérieur, mais il définissait ainsi la cause des retards apportés à la réussite de ses démarches, en écrivant à Henri du Boishamon :

« Si vous saviez quelle faiblesse règne dans les con-
» seils du Roi, quand il s'agit de donner de l'avance-
» ment à des hommes comme vous ! »

M. de Curzay avait reconnu dans son Sous-Préfet de Saint-Malo un administrateur hors ligne, tant pour la droiture et la fermeté du caractère que pour une capacité et des connaissances qu'étaient bien loin de posséder des gens que la fortune avait mieux servis en les élevant plus haut.

Le Préfet du Morbihan avait rendu le même témoignage de Henri du Boishamon quand celui-ci quitta la sous-préfecture de Ploërmel. (1)

Le 8 mai 1828, M. du Fougeray se représenta

(1) Voir la lettre de M. de Chazelles du 18 mai 1826. (Pièces justificatives 16 et 17).

devant les électeurs de l'arrondissement de Saint-Malo.

Cette élection mit le Sous-Préfet dans une situation bien pénible. Le concurrent de M. du Fougeray était un ami, un ancien compagnon d'armes de Henri du Boishamon.

Pour se venger d'une mesure de révocation maladroitement prise contre lui par le Ministère précédent, ce candidat *ab irato* se jetait à corps perdu entre les bras des soi-disant *libéraux*.

Le Sous-Préfet, ne connaissant que son devoir, dut le combattre. Ce fut en vain. M. du Fougeray échoua.

Le député vainqueur fut invité à présider un banquet civique, qui dut être pour lui la première punition infligée à sa défection, car il est à croire qu'il ne fut pas sans souffrir, au fond de son âme, des discours odieux prononcés, *inter pocula*, et contre les principes qui avaient été ceux de toute sa vie, et contre son ancien compagnon d'armes, qui représentait le gouvernement du Roi.

Si le Sous-Préfet de Saint-Malo apportait dans l'accomplissement de ses devoirs une fermeté qu'aucun découragement ne pouvait briser, personne ne lui refusait le témoignage de la plus grande justice dans tous ses actes.

Deux circonstances contribuèrent même à lui faire

des amis dans les rangs de ceux dont les idées étaient tout-à-fait hostiles au gouvernement de la Restauration.

En 1828, un nombre considérable de réfugiés constitutionnels portugais avaient été internés dans l'arrondissement de Saint-Malo, du côté de Saint-Pierre-de-Plesguen.

Le marquis de Saldanha, devenu depuis ce fameux maréchal qui a joué de si importants rôles dans les révolutions dont le Portugal a été tant de fois le théâtre, était venu présider à leur départ, quand ils furent dirigés sur Saint-Malo, afin d'y être embarqués sur des navires frétés pour les ramener dans leur pays.

Le marquis de Saldanha ne put que remercier le Sous-Préfet de Saint-Malo des bons traitements et des soins qui avaient été prodigués aux Portugais. Il devait y avoir pourtant au fond de l'âme du grand seigneur exilé un petit levain de ressentiment contre le Sous-Préfet. Celui-ci, sachant que les divers détachements de réfugiés qui prenaient la mer à Saint-Malo devaient faire leur possible pour rejoindre, malgré les intentions, ostensibles du moins, du Gouvernement français, leurs coreligionnaires politiques, occupés en ce moment à bloquer Terceira, île des Açores, tenant pour don Miguel, ne déployait pas un grand zèle pour faire remplir toutes les formalités nécessaires aux capitaines des navires, avant de sortir du port de Saint-Malo. Mais Saldanha n'en laissait rien voir ; il était de la plus exquise politesse et gardait les formes les plus convenables, même quand il abordait la question des affaires de Portugal.

Une autre fois, trois ou quatre constitutionnels espagnols, réfugiés à Jersey, tentèrent de repasser dans leur pays. Jetés par une tempête sur la côte de Bretagne, ils arrivèrent à Saint-Malo dans le dénuement le plus absolu et furent réduits bientôt à mettre jusqu'à leurs vêtements en gage, pour ne pas mourir de faim. Un honorable habitant de Saint-Malo, appartenant à l'opinion libérale la plus avancée, eut connaissance de leur triste position.

Quoique connu pour professer des idées opposées au Gouvernement de la Restauration, il eut assez bonne opinion de l'humanité du Sous-Préfet, toujours accessible à tous les citoyens, qu'il recevait avec aménité, quels qu'ils fussent, pour aller le trouver et lui exposer la misère des malheureux réfugiés.

Sa confiance ne fut pas trompée. Sur le champ, Henri du Boishamon procura un asile à ces Espagnols, fit dégager leurs vêtements et acquitter leur dépense. Il annonça qu'il allait, sans délai, rendre compte au Gouvernement, par le télégraphe, de ce qu'il avait fait pour les réfugiés, et que si sa conduite n'était pas approuvée, il prendrait à sa charge personnelle tous les frais de leur séjour à Saint-Malo.

Le Ministre répondit immédiatement par une approbation pleine et entière. Il ordonna qu'on rembarquât les Espagnols pour Jersey, mais que l'on pourvût, jusqu'à leur départ, à tous leurs besoins.

On verra comment le Malouin qui avait provoqué cette mesure sut reconnaître plus tard l'humanité que le Sous-Préfet de Saint-Malo avait exercée envers les réfugiés dont on vient de parler.

Dans les premiers jours de 1829, on célébra à Saint-Malo une fête à la solennité de laquelle le Sous-Préfet, qui devait la présider, donna tous ses soins.

Le célèbre Duguay-Trouïn n'avait dans sa patrie aucun monument qui rappelât sa gloire. Saint-Malo songea enfin à payer un tribut de reconnaissance et d'admiration à l'illustre marin, né dans ses murs. Une souscription avait été ouverte ; l'Administration Municipale avait voté une part contributive dans la dépense que nécessiterait l'érection d'une statue en l'honneur de Duguay-Trouïn. Le Roi Charles X avait voulu être lui-même inscrit au nombre des souscripteurs et avait fourni le bloc en marbre de Carrare dans lequel devait être taillée l'image du grand amiral.

Le jour de l'inauguration, 12 janvier 1829, étant

arrivé, le Sous-Préfet avait disposé le cortége de manière que tous les officiers de marine du pays, en tête desquels était le contre-amiral Bouvet, eussent les honneurs de la journée.

Cette mesure eut un excellent effet ; non-seulement le vainqueur de Rio-Janeiro fut acclamé par ses concitoyens, au bruit des salves d'artillerie et au son des cloches, mais encore le cri de *vive le Roi !* par lequel le Sous-Préfet termina son discours, fut chaleureusement répété. Du vin fut distribué aux soldats et les pauvres de la ville reçurent des rations de vivres.

Voici le texte du discours prononcé, le 12 janvier 1829, par le Sous-Préfet de Saint-Malo, au moment où la statue de Duguay-Trouïn fut découverte :

« Messieurs,

» Lorsqu'un grand Prince est appelé au gouverne-
» ment d'un Etat, il semble que son génie crée autour
» de lui les grands hommes dont il a besoin pour illus-
» trer son règne. Quelle époque de la Monarchie fran-
» çaise nous offre autant d'hommes célèbres, guerriers,
» ministres, magistrats, poëtes, historiens et autres
» personnages illustres que le siècle de Louis XIV ?

» Dans ce siècle fameux auquel le grand Roi donna
» son nom, la gloire militaire de la France brilla du
» plus vif éclat. Si sous les Condé, les Turenne, les
» Luxembourg, les Catinat, les Vauban, les Villars,

» nos armées de terre acquièrent une si haute renom-
» mée, nos armées de mer n'obtiennent pas de moins
» brillants succès sous les Duguay-Trouïn, les Du-
» quesne, les Tourville, les Jean Bart, les d'Estrées et
» les Forbin.

» Quelle gloire pour la Bretagne d'avoir donné le
» jour à un des hommes qui ont le plus illustré, à cette
» époque mémorable, la marine française ! Quel hon-
» neur pour cette cité d'avoir été le berceau du célèbre
» Duguay-Trouïn ! Sans doute, la gloire maritime n'a
» jamais manqué à cette ville, et les noms des marins
» distingués qu'elle a produits vivront toujours dans
» l'histoire... Mais Saint-Malo s'honorera toujours plus
» particulièrement d'avoir vu naître Duguay-Trouïn
» dans ses murs. En effet, quel homme de mer conçut
» jamais des projets plus hardis, les exécuta avec plus
» de génie, de talent et d'intrépidité ? qui montra plus
» de vaillance et de générosité dans les combats ? qui
» fut plus terrible aux ennemis de la France ?

» Duguay-Trouïn avait à peine seize ans quand il
» débuta dans la carrière qu'il devait parcourir avec
» tant de gloire, et dès lors il fit présager ce qu'il
» serait un jour.

» La réputation de courage et d'habileté qu'il ne
» tarda pas à s'acquérir lui fit confier, dès l'âge de
» vingt ans, le commandement d'un bâtiment du

» Roi. A cet âge où les hommes manquent encore » d'expérience, il déploya tous les talents de l'âge » mûr. Il combinait ses dispositions avec sagesse, » attaquait avec audace, combattait avec intrépidité et » triomphait avec modération. Aussi modeste que vail- » lant, dans les mémoires qu'il nous a laissés, il se » plaît à accorder aux braves Malouins, ses compa- » triotes qui combattaient sous ses ordres, la plus » grande part de ses exploits. Avec eux il vole de » succès en succès.

» Cependant, assailli par des forces bien supérieures, » il est une fois trahi par la fortune ; mais il soutient » avec une constance admirable le combat le plus » inégal. Enfin, grièvement blessé, il est fait prison- » nier et conduit en Angleterre. Bientôt il trompe la » vigilance des Anglais, il s'évade, traverse la Manche » sur un frêle esquif et aborde en France.

» La fortune ne l'abandonna plus. Toute sa carrière » maritime ne fut plus qu'une suite de triomphes. » Devenu chef d'escadre, il fit éprouver des pertes » immenses au commerce et à la marine de l'Angle- » terre. Il battit ses flottes, prit ou détruisit un nombre » considérable de vaisseaux de guerre et couronna » tant d'exploits par la prise de Rio-Janeiro, dans » laquelle il surmonta des obstacles qui auraient » rebuté tout autre que ce grand capitaine.

» Le Roi le récompensa en le nommant lieutenant-» général des armées navales, mais il ne trouva plus » l'occasion de combattre les ennemis de la France.

» Il ne fut pas moins bon citoyen que grand guer-» rier. Toujours il fut animé pour son Roi et son pays » d'un amour qui fut le principal mobile de ses » grandes actions.

» A la mort de Louis XIV, Duguay-Trouïn fait voir » que la sensibilité n'est point étrangère à son cœur. » Il versa des larmes sur la tombe de son maître et » pleura amèrement sa perte.

» Il y a quatre-vingt-treize ans que le célèbre Du-» guay-Trouïn est mort, et rien ne rappelait son sou-» venir dans sa ville natale ! Un monument était dû » à la mémoire de ce grand homme. Honneur au digne » maire de cette ville qui, le premier, a proposé d'élever » ce monument ! honneur aux habitants qui, par leur » générosité, ont secondé une si honorable entreprise ! » reconnaissance au Gouvernement qui, par un don » précieux, a voulu contribuer à cette œuvre !

» Que ce monument, placé sous les yeux des vail-» lants marins qui peuplent ce pays, leur rappelle sans » cesse que c'est en marchant sur les traces de Du-» guay-Trouïn qu'ils mériteront bien de leur patrie et » s'acquerront, comme ce héros, un nom immortel !

» L'exemple de Duguay-Trouïn a déjà produit et

» produira encore de vaillants hommes de mer, et si la » France avait un jour des ennemis à combattre, ne » doutons pas que, comme cet intrépide amiral, il ne » se trouverait, parmi ses compatriotes, pas une seule » main qui voulût amener le pavillon sans tache. Sous » Charles X, comme sous Louis XIV, notre marine » saura toujours faire respecter et triompher le pavil- » lon français, à ce cri si cher aux Français et si » favorable à la victoire :

» VIVE LE ROI ! »

Vers le mois de juin 1830, le Sous-Préfet de Saint-Malo fut informé par M. de Curzay, alors Préfet à Bordeaux, que l'on songeait à lui pour l'une des Préfectures du Midi de la France, et, de plus, on faisait connaître à Henri du Boishamon que s'il aimait mieux attendre le mois de septembre, il serait nommé Préfet de l'un des départements de la Bretagne. (1) Il n'hésita pas; il voyait trop bien les orages qui s'amoncelaient sur l'horizon politique pour être empressé, lui, père d'une nombreuse famille, d'encourir les chances d'un changement de résidence, onéreux pour une aussi mince fortune personnelle que celle de Henri du Boishamon. Il attendit et fit bien, car il aurait eu à peine le temps de se rendre à un poste éloigné avant le

(1) Une lettre de M. de Peyronnet (voir les pièces 17 et 18) fait voir que l'on songeait à lui.

coup de foudre qui réduisit en cendres le trône de Charles X.

Un jour de septembre 1829, se trouvant à Plesder, et ayant appris que l'abbé de La Mennais était à la Chesnaie, le Sous-Préfet de Saint-Malo pensa qu'il était de la politesse d'aller faire une visite au célèbre écrivain.

Mais si, comme l'ont fait quatre ou cinq personnages devenus, depuis, célèbres, et, à leur suite, tout un menu fretin de jeunes inconnus, qui visaient à se créer une renommée, en informant le public, tant en prose qu'en vers, qu'ils avaient leurs entrées sous le toit d'un illustre personnage :

« L'amitié d'un grand homme est un bienfait des dieux; »

si le Sous-Préfet de Saint-Malo eût raconté les impressions qu'il avait rapportées de la Chesnaie en 1829, certes, elles n'auraient pas eû le cachet d'enthousiasme qui a marqué, pendant quelques années, celles des visiteurs dont on a parlé plus haut.

L'abbé de La Mennais le reçut fort poliment, mais la conversation vint bientôt sur la politique.

L'abbé s'agitait sans cesse, avec des mouvements quasi-fébriles, sur un canapé dont le drap était troué en plusieurs endroits. Il dit que le Gouvernement et la dynastie des Bourbons ne lui semblaient plus que comme un vaisseau faisant eau de toutes parts et devant s'abîmer prochainement dans les flots soulevés par une effroyable tempête.

Le Sous-Préfet de Saint-Malo ne pouvait s'empêcher de craindre que les paroles de l'abbé de La Mennais ne fussent trop prophétiques ; mais il dut repousser avec toute l'énergie de ses convictions les accusations injustes, les invectives déplacées que proférait contre le Roi et la famille royale un homme qui avait autrefois tenu un langage si différent.

Henri du Boishamon dit au châtelain de La Chesnais combien il déplorait que les deux frères de La Mennais n'eussent pas gardé au moins un peu de reconnaissance à l'égard du Gouvernement royal, dont ils n'avaient reçu que des bienfaits. Il raconta comment, pendant qu'il était Sous-Préfet à Ploërmel, il recevait presque chaque matin, dans son cabinet, l'abbé Jean-Marie de La Mennais, qui venait solliciter des secours, en vue de l'établissement dans cette ville d'une maison destinée à devenir la pépinière de frères-instituteurs, ce qui n'empêchait pas le même abbé de se répandre en invectives contre les Bourbons, auxquels chaque jour il tendait une main avide.

Aussi, quand la munificence royale aidait par de fréquents envois d'argent Jean-Marie de La Mennais dans sa belle entreprise, le Sous-Préfet de Ploërmel,

en lui remettant les mandats, lui disait : « Eh bien !
» Monsieur l'abbé, voilà comment le Roi se venge de
» toutes vos injures à son égard. »

Mais, comme on doit bien le penser, cela n'influa en rien sur les dispositions du célèbre écrivain.

Peu de temps après, une occasion s'étant présentée pour celui-ci de traduire en actes son hostilité au Gouvernenent, il ne manqua pas de la saisir.

La Chambre des Députés avait été cassée, en 1830, après le fameux vote des 221. Charles X avait fait appel au pays et de nouvelles élections avaient été fixées pour le 23 juin. Les royalistes de l'arrondissement de Saint-Malo avaient choisi pour leur candidat M. Pierre Sevoy, Sous-Préfet de Dinan.

M. Sevoy, connu pour son dévouement à toute épreuve, venait d'épouser la fille du célèbre Robert Surcouf, l'un des héros du pays malouin.

Sous les auspices d'un oncle de sa femme, M. Ange Blaize, cette candidature avait trouvé un fort appui, même dans les rangs du parti libéral. Le choix était donc très intelligent, et le succès paraissait assuré, la veille de l'élection.

Mais voilà que, dans la nuit du 22 au 23 juin, l'abbé de La Mennais vient de la Chesnaie à Saint-Malo, et parvient à détacher son beau-frère, M. Ange Blaize, de la candidature de M. Sevoy.

M. Louis Blaize, candidat opposé, et frère d'Ange, fut nommé. Grâce à l'abbé de La Mennais, la phalange des ennemis du Roi put compter un membre de plus. (1) Sur les 221, 202 furent réélus.

Le coup d'Etat de juillet 1830 fut résolu à la suite de ces élections.

A cette époque, les télégraphes étant peu nombreux à l'intérieur, le Sous-Préfet de Saint-Malo reçut communication des ordonnances du 26 juillet 1830, quelques jours avant leur insertion dans *le Moniteur*, et fut chargé d'en transmettre la nouvelle à tous les Préfets des départements limitrophes.

Ne s'abusant pas sur le résultat qu'une pareille décision devait avoir, il prit la liberté d'écrire au Ministre de l'intérieur pour lui représenter que la situation était des plus périlleuses, si l'on n'avait pas pris des mesures extraordinaires.

On demanda au Sous-Préfet de Saint-Malo sur combien d'hommes il pouvait compter, dans cette ville, pour défendre le Gouvernement royal. Il répondit : « Trois, moi compris. »

(1) M. Sevoy, dans ses relations avec la famille Blaize, avait appris d'une manière certaine que l'abbé de La Mennais avait demandé que l'ouvrage sur *l'Indifférence* fût imprimé aux frais du budget des Cultes. Le Ministre refusa. De là l'hostilité de l'auteur au Gouvernement royal. Ce renseignement est consigné ici d'après le témoignage de M. Sevoy lui-même.

L'événement prouva qu'il en avait désigné un de trop.

Le 27, les ordonnances furent connues à Saint-Malo. Il se forma à l'instant, sur la place, devant la Sous-Préfecture, des attroupements tumultueux qui restèrent en permanence pendant trois jours et trois nuits, poussant des cris de toute espèce. Des cartouches étaient fabriquées ; on les empilait sur la couverture en bois d'un puits, et chaque fois que quelqu'un mettait la tête à l'une des fenêtres de la Sous-Préfecture, on prenait une cartouche et on la lui montrait, en désignant le front.

Les chefs du mouvement allèrent demander au Sous-Préfet la permission de s'armer. Il leur répondit :

« Vous savez bien le nombre d'hommes qui restent » disponibles dans la garnison, aujourd'hui si affaiblie » par les récents changements de troupes et par la » garde des forts. Vous n'ignorez donc pas que je ne » puis guère vous opposer de résistance. Ce n'est pas » avec une soixantaine d'hommes qu'on peut main- » tenir Saint-Malo. Faites ce que vous voudrez. Je » vous parlerais autrement, si j'avais à ma disposition » une garnison dans les conditions ordinaires. Il y » aurait longtemps déjà que tout rassemblement eût » été dispersé. Mais, pour moi, je ne prendrai part à » aucune mesure révolutionnaire. »

Quand cette réponse fut connue, l'irritation redoubla.

A Saint-Malo et à Saint-Servan, on organisa immédiatement la garde nationale.

Le commandant de place, le colonel Verdun, s'était renfermé dans le château avec les troupes, attendant la tournure décisive des événements.

Henri du Boishamon pensait que l'on eût tenté quelque attaque violente contre sa personne. Il se tenait en permanence dans son cabinet avec deux pistolets sur sa table, bien décidé à repousser la force par la force, ainsi que le faisait au même moment le Préfet de la Gironde, et au risque de subir un traitement pareil à celui de l'infortuné M. de Curzay, arraché de sa demeure et traîné ignominieusement dans les rues de Bordeaux par une populace en furie.

En lisant une lettre adressée de Bordeaux, le 9 octobre 1829, (1) à Henri du Boishamon, par l'ancien Préfet d'Ille-et-Vilaine, on dirait que ce dernier avait comme le pressentiment du sort qui l'attendait, à certains mauvais jours que lui aussi prévoyait depuis longtemps.

Un grand tumulte, qui se produisit pendant une des nuits de cette fin de juillet 1830, où un nouveau drame révolutionnaire ensanglantait les rues de Paris, fit croire au Sous-Préfet de Saint-Malo qu'un

(1) Pièces justificatives, N° 19.

mouvement allait se produire contre lui. Mais cela se réduisit à lui faire voir de sa fenêtre une scène des plus lugubres : un homme était traîné de la manière la plus ignoble, par une multitude, poussant les cris les plus sinistres, et conduit à la prison, sous l'escorte de tout ce que Saint-Malo contenait de filles de mauvaise vie ; c'était l'un des adjudants de place. Ce malheureux, dont les événements avaient troublé la raison, s'était imaginé avoir entendu envahir son escalier par une foule venue pour l'assassiner, lorsqu'assurément personne ne songeait à lui. Il avait mis le feu à plusieurs kilogrammes de poudre déposés dans sa chambre ; une explosion s'était produite et avait brisé fenêtres et vitres dans le quartier. Bientôt toute la ville avait été sur pied, et l'on avait arraché l'infortuné lieutenant de son domicile, en criant que les royalistes voulaient bruler Saint-Malo.

Tout ce qui fut tenté contre le Sous-Préfet de Saint-Malo, pendant les néfastes journées des 27, 28 et 29 juillet 1830, se réduisit au projet formé par trois jeunes gens de s'emparer de la Sous-Préfecture, et de faire un mauvais parti au magistrat qui y était assiégé.

Mais ce libéral, aux opinions avancées, le même qu'on a vu prendre l'initiative en faveur des Espagnols réfugiés, M. Berthelot, honorable Malouin, horloger, mit son fusil en travers de la porte de la Sous-Préfecture et dit aux trois énergumènes, en leur barrant le passage :

« — Avant d'arriver au Sous-Préfet, vous me pas-
» serez sur le corps. »

Qu'on juge de la position des fonctionnaires publics pendant les jours où dura à Paris la terrible lutte qui finit par la défaite de la Monarchie légitime ! Point de nouvelles ! point d'ordres ! quelles angoisses !

Enfin arrive l'annonce de l'installation d'un Gouvernement provisoire. Lafayette enjoint au Sous-Préfet de Saint-Malo, *sous peine de mort*, en cas de désobéissance, de proclamer la déchéance de Charles X.

Henri du Boishamon n'a rien à démêler avec la Commission provisoire qui s'est installée pour représenter, à tout événement, le Gouvernement quelconque qu'enfantera la bagarre. Il appelle les adjoints, et remet à M. Bossinot, l'un d'eux, les dépêches, en lui disant qu'il va se retirer, vu que le Gouvernement dont il tient ses pouvoirs n'est plus reconnu ; que, pour son compte, jamais il ne fera la proclamation ordonnée.

Un certain nombre de personnes vont prier Henri du Boishamon de rester, comme simulacre d'autorité, pour maintenir l'ordre, encore pendant quelques heures. Il accepte, à la condition d'être prévenu une heure avant que l'on abatte le drapeau blanc.

Cet avis ne tarda pas.

Henri du Boishamon quitta immédiatement la Sous-Préfecture pour aller s'embarquer dans un des bateaux faisant le passage de Dinard. Il n'était pas encore à mi-traversée quand les trois couleurs furent hissées sur le donjon du vieux château de la reine Anne.

CHAPITRE VII.

La Retraite.

Ce ne fut pas sans un affreux serrement de cœur que Henri du Boishamon vit disparaître le drapeau blanc, à la suite d'événements qui n'étaient encore que très imparfaitement connus.

Bien que la Révolution le chassât, en un moment où il n'avait ni pour lui ni pour sa famille un lieu où reposer sa tête, il était beaucoup moins préoccupé de sa situation personnelle que des malheurs de la famille royale, sur laquelle venait de souffler encore le vent de l'adversité.

Le château de Monchoix, dont il a été question déjà, propriété qu'il tenait de Mlle de Bedée, sa femme, était affermé jusqu'au 29 septembre 1830. Deux mois donc pendant lesquels il n'avait pas de logement ! Heureusement, ses locataires étaient de bonnes et charitables personnes ; elles lui cédèrent quelques appartements, en attendant qu'il pût disposer de la maison tout entière.

Ce fut à Monchoix qu'il vécut, sans interruption, depuis la fin de juillet 1830 jusqu'à sa mort.

La politique vint se mêler encore quelquefois aux paisibles habitudes du foyer domestique.

En 1832, Henri du Boishamon avait été compris par Madame la Duchesse de Berry dans le nombre de ceux qui devaient prendre une part active au mouvement royaliste projeté pour la Bretagne. Il fut mandé à Rennes par plusieurs hauts personnages qui avaient mission de lui donner l'ordre de reprendre le commandement de son ancienne division de 1815. Il leur dit :

« Je veux bien encore jouer ma tête, que j'ai tant » de fois exposée, par le passé, dans des circonstances » pareilles à celles que vous m'annoncez comme pro» chaines ; mais je dois vous dire que je ne vois » aucune chance de succès dans la manière dont vos » plans sont combinés. »

Il combattit les dispositions qu'on lui enjoignait de prendre, tout en mettant au service de la Princesse son obéissance passive.

Les événements de la Vendée paralysèrent les dévouements bretons.

Celui de Henri du Boishamon ne fut mis à contribution qu'en faveur des malheureux réfractaires qui avaient pris part à l'insurrection royaliste, soit dans le Morbihan, soit dans l'arrondissement de Vitré. Il leur donnait asile et dirigeait les uns sur la côte, où ils s'embarquaient, les autres vers les points où des refuges sûrs, dans le département des Côtes-du-Nord, leur étaient préparés.

En septembre 1832, Joseph du Boishamon, ancien compagnon d'armes de M. le maréchal de Bourmont, fut appelé par ce dernier dans la maison même où se trouvait, auprès de Nantes, Madame la Duchesse de Berry.

« Votre frère, dit M. de Bourmont, habite près de la » mer. Madame veut quitter la France, le plus tôt » possible. Il faut que votre frère lui trouve tout de » suite un moyen sûr d'embarquement. »

Quinze jours après, l'affaire était montée de manière à procurer à la Princesse un transport maritime dans les conditions de la plus parfaite sécurité. Madame ayant changé ses dispositions, celles de Henri du Boishamon restèrent sans effet.

Quand M. de Bourmont voulut à son tour passer en Angleterre, il tourna encore ses regards vers la côte, non loin de laquelle habitait l'ex-Sous-Préfet de Saint-Malo ; mais le maréchal se laissa guider vers un autre point, où il faillit être pris. 10

Quelque temps après, Henri du Boishamon donna l'hospitalité pendant deux mois au commandant morbihannais Guillemot, proscrit pour la seconde fois depuis la Révolution de Juillet, et le fit passer sain et sauf à Jersey.

Le séjour du commandant Guillemot à Monchoix présenta quelques incidents bizarres. En voici un, entre autres :

C'était au mois de juillet 1835. M. du Boishamon, étant obligé de s'absenter, avait laissé Guillemot sous la garde de ses fils.

Ce fut Guillemot qui brisa, le premier, la bande du journal qui apportait la nouvelle de l'attentat de Fieschi.

— Quels scélérats ! s'écria-t-il. Mais on leur a vanté ceux qui tuent les rois ; il n'est pas étonnant qu'ils profitent des enseignements qu'on leur a donnés.

Quelques jours après, le commandant ayant lu dans une feuille que deux Princes de la Maison d'Orléans, revenant de Brest, devaient passer non loin d'un endroit où bon nombre de ses Morbihannais étaient cachés sous terre, alla, cette feuille à la main, trouver ses gardiens. Il avait un air plus grave et plus solennel que de coutume. « — Je pars, » dit-il. Il pouvait être alors quatre heures après midi.

— « Vous partez, » lui fut-il répondu ; et pour quel endroit ?

— Je vais aller réunir une soixantaine de mes hommes et attendre les Princes d'Orléans à..., les enlever et les emmener dans l'un de mes souterrains ; puis je proposerai à Louis-Philippe d'échanger contre ses fils la liberté de mes réfractaires et celle de tous ceux qui sont, seulement pour faits politiques, détenus dans les bagnes et dans les prisons.

Malgré les observations sur l'impossibilité et le danger de son projet, on n'obtint de lui un sursis de départ pour vingt-quatre heures qu'à la condition que, s'il persistait, après ce délai, ses gardiens iraient tenter l'aventure avec lui. Il accepta.

Mais le cas était embarrassant pour ceux qui avaient le proscrit sous leur responsabilité.

On dépêcha un émissaire à un personnage qu'on savait initié à la conduite des affaires royalistes, même à celles de Guillemot personnellement. A dix heures du soir, on remettait Guillemot entre ses bras, et les conférences qui eurent lieu entre le nouveau venu et le commandant eurent pour résultat de laisser les Princes d'Orléans achever paisiblement leur voyage.

Si quelque chose avait pu adoucir l'amertume du coup violent qui avait jeté prématurément Henri du Boishamon dans la retraite, c'est que, tout près du lieu où l'avait confiné la catastrophe de Juillet, il avait retrouvé cet ami d'enfance, ce compagnon des rudes guerres, dont ce récit a plus d'une fois constaté la valeur, le colonel vicomte Toussaint du Breil de Pontbriand. Celui-ci réunissait souvent ses parents et ses amis dans des banquets de famille auxquels Henri du Boishamon ne manquait jamais d'être convié.

Très souvent aussi, le dimanche, M. de Pontbriand, au lieu de retourner, après la grand'messe, dîner à sa maison de la Ville-Robert, allait passer le reste de la journée avec Henri du Boishamon.

Celui qui écrit ces lignes les a souvent entendus parler de leur désir de pouvoir assister, avant de mourir, à la restauration de la Monarchie légitime en la personne de Henri V.

« Ni toi ni moi ne verrons cela, disait Pontbriand. » La Révolution n'est pas près d'être à sa fin ; elle » prendra encore d'autres formes. Avant qu'elle subisse un temps d'arrêt, il faudra que *Paris soit brûlé,* » et il me semble voir le feu dévorer simultanément » les Tuileries, le Palais-Royal, l'Hôtel-de-Ville, en un » mot les principaux monuments de la capitale, et le » pillage organisé par des légions de bandits. »

Quantité de personnes ont entendu M. de Pontbriand tenir ce langage, qui n'a jamais varié depuis 1830 jusqu'en l'année 1844, époque de sa mort. Il en était même qui riaient parfois de ce qu'elles appelaient *manie de prophétiser*; mais combien, qui sont encore vivantes, se sont dit, depuis le mois de mai 1871 : « Il » avait pourtant raison, le vieux colonel ! »

Pour achever le portrait des deux amis, on ne peut mieux faire que de citer les quelques lignes suivantes, dues à la plume de M. du Breil de Marzan, et extraites de la biographie même de M. de Pontbriand :

« A ces paisibles réunions de parenté et de voisi- » nage, où, grâce à la joyeuse humeur du vicomte, ne » paraissait jamais la tristesse, se joignait souvent » l'un des camarades d'enfance, l'un des plus fidèles » compagnons d'infortune du colonel, frappé comme lui » par la Révolution de 1830, vivant comme lui dans la » retraite, où il donnait aussi l'exemple des vertus » chrétiennes, après avoir donné celui du courage, » M. Henri du Boishamon, devenu le voisin de cam- » pagne de M. de Pontbriand, comme il avait été jadis » son frère d'armes. Au milieu d'un siècle de vicissi- » tudes et d'apostasies, il y avait je ne sais quoi de » majestueux et de vénérable dans cette fraternité de » fortune, de malheur, de loyauté, unissant jusqu'au » tombeau deux têtes blanchies au service de la même » cause et qui portaient dignement le poids des années, » sans avoir jamais connu le poids d'un serment de » plus. »

Henri du Boishamon perdit sa femme en 1843. Ce fut

pour lui un rude coup qui ne fut adouci que par les sentiments d'une piété à la fois vive et éclairée, piété aux exercices de laquelle il s'était toujours montré fidèle, longtemps avant la période des dernières adversités.

A cette douleur se joignait de plus en plus le chagrin amer d'avoir vu briser par la Révolution de 1830 l'avenir qu'il savait réservé à ses deux fils par le Gouvernement royal.

Ceux-ci ont gardé pures et sans tache les traditions paternelles. Ils n'ont jamais demandé, bien qu'il leur eût été facile d'en obtenir, ni places, ni faveurs aux divers régimes qui se sont succédé depuis la chute de la Monarchie légitime.

La robuste constitution de Henri du Boishamon avait fini par être atteinte, sous le coup de ces funestes impressions ; une maladie de cœur s'était déclarée, et, le 26 janvier 1846, à six heures du soir, au moment où l'on ne s'attendait pas encore à un dénouement fatal, malgré d'alarmants symptômes, il fut enlevé subitement.

On peut dire qu'il emporta dans la tombe les regrets de tous ceux qui l'avaient connu et l'estime de ceux mêmes qui avaient été ses adversaires politiques les plus avoués ; car, s'il avait toujours mis en pratique la première partie d'une devise, par laquelle un Prince éclairé a tracé à ses amis leur ligne de conduite « *fermeté sur les principes* » (en fait de principes, Henri du Boishamon était ferme comme un rocher sur ses assises), il avait aussi aimé, tant dans les fonctions publiques que dans la vie privée, à se conformer à la seconde partie du conseil : « *Conciliation avec les personnes.* »

Henri du Boishamon était bienveillant envers ceux qui ne partageaient pas ses opinions, et prêt à leur rendre service, ainsi qu'on l'a vu, quand cela pouvait se concilier avec ses devoirs. Il possédait au plus haut degré la distinction, l'aménité du gentilhomme de vieille roche, et se montrait affable envers tous ceux qui l'approchaient.

M. du Breil de Marzan, cité plus haut, en parlant de la mort de MM. de Pontbriand et du Boishamon, a écrit cette phrase, qui semble avoir été destinée à être la dernière de ce livre :

« La mort n'a pas détruit la touchante fraternité de » ces deux hommes, que la foi et l'honneur avaient » unis : M. du Boishamon, enlevé subitement à ses » amis, le 26 janvier 1846, repose à côté de son » compagnon d'armes, dans le cimetière de Pluduno » (Côtes-du-Nord). »

PIÈCES JUSTIFICATIVES

PIÈCES JUSTIFICATIVES

N° 1.

ARMÉES
CATHOLIQUES ET ROYALES
de Bretagne.

BREVET
DE
CHEF DE CANTON
pour
M. DU BOISHAMON

De par le Roi

Le Conseil Général Civil et Militaire des Armées Catholiques de Bretagne, autorisé par MONSIEUR, frère du Roi, Lieutenant Général du royaume, en vertu des pouvoirs à lui conférés par Sa Majesté ;

Sur le compte qui nous a été rendu et d'après la connaissance particulière que nous avons des talents et des services du sieur Henri-Marie DU BOISHAMON, de sa fidélité et de son dévouement à la cause de la Religion et du Roi, nous l'avons, par ces présentes, nommé à l'emploi de Chef de Canton aux environs d'Izé, division de Couësbouc, avec grade de Lieutenant-Colonel, pour en jouir aux titres, droits, prérogatives et appointements dont jouissent les autres Chefs de Cantons, et pour prendre rang, dès ce jour, parmi lesdits Chefs de Cantons, après avoir reçu de lui le serment de ne poser les armes qu'après avoir réduit les factieux et rétabli la Religion, la Monarchie, la paix et la tranquillité publique.

Ordonnons à tous officiers d'un grade inférieur et à tous soldats royalistes de reconnaître ledit sieur DU BOISHAMON et de lui obéir en ladite qualité, et ce, sous le bon plaisir du Roi et sous l'autorité de MONSIEUR, Lieutenant Général du royaume.

Donné en Conseil Général, le 10 mars 1796, l'an deuxième du règne du roi Louis XVIII.

Signé : Le Comte Joseph DE PUISAYE,
Lieutenant-Général des Armées du Roi, Général en chef.

Signé : DE LA CONTRIE.
Signé : GUILLOU.

Par le Conseil Général :
Signé : NEVEU.

N° 2.

Le Général Labarolière, commandant la grande Division de l'Ouest, en vertu de sa proclamation du 7 germinal dernier, concernant les hommes égarés ou entraînés de force par les Chouans et qui rentreraient d'après cette proclamation, défend à tous militaires et autres de les inquiéter ni rechercher, mettant l'exécution du présent ordre sous la surveillance, la loyauté et la générosité de tout bon républicain qui, comme lui, aimerait à voir dans le cœur de tous les Français cet amour sacré de la patrie, cette union fraternelle, cette soumission aux lois, qui assureraient à jamais leur bonheur.

Je, soussigné, Adjudant Général, — en l'absence du Général Chabot (1), — commandant la subdivision de la

(1) Ancien moine.

Mayenne, certifie et atteste que le nommé Henri-Marie Boishamon, âgé de vingt-un ans, natif de Montauban, taille de cinq pieds un pouce, front élevé, yeux bleus, nez long, bouche moyenne, lèvres vermeilles, menton rond, visage long et uni, barbe noire, cheveux et sourcils noirs, jambes fournies, etc.,

S'est présenté par-devant moi, qu'il m'a remis son fusil et ses cartouches.

En foi de quoi je lui ai délivré le présent, pour lui servir ce que de droit.

Et a signé avec moi le présent certificat.

A Laval, le 11 messidor, jour du mois de l'an 4me de la République Française une et indivisible.

L'Adjudant Général :

Signé : Henry BOISHAMON. Signé : ROYER. (1)

N° 3.

RÉPUBLIQUE FRANÇAISE

INFANTERIE. **30e demi-brigade de ligne.**

Approuvé par nous, Général de brigade, Chef d'Etat-Major de la 27e division militaire. COLLY.

Nous, soussignés, certifions à tous ceux qu'il appartiendra, avoir donné congé de réforme au nommé HENRI-MARIE BOISHAMON, dit *Boishamon*, sergent-major de la compagnie de N° 2, 1er bataillon, 30e demi-brigade de ligne, natif de Montauban, canton d'*idem*, département d'Ille-et-Vilaine, âgé de vingt-six ans, de la taille de un mètre six cent cinquante-deux millimètres, lequel a

(1) Grand-Pierrot.

servi depuis le 10 brumaire, an six, jusqu'au 18 pluviôse, an dix, qu'il a été congédié pour causes de douleurs provenantes des fatigues de la guerre, constatées par un certificat de visite des officiers de santé en chef de l'hôpital militaire de *Mantoue*, dont la minute reste aux archives du corps. Déclarons que le dénommé ci-dessus a fait les campagnes des ans 6, 7, 8, 9 à l'armée d'Italie, pendant lequel temps il a servi avec honneur, valeur et probité, s'est trouvé à la prise de Naples, les batailles de *la Trébia*, *Novi*, *Marengo*, *Lavolta*, *Lemincio* et *Montebello*.

Fait à Turin, le 18 du mois de pluviôse de l'an dix de la République Française.

Signé : MOURCEL, capitaine ; CASTAGNAC, capitaine ; DEMOLY, capitaine ; NABOT, sergent ; BLANPAIN, intendant ; VALTERRE, chef de brigade, président.

Vu par nous, sous-inspecteur aux revues.

Signé : SICARD.

N° 4.

LIBERTÉ. — ÉGALITÉ.

Département d'Ille-et-Vilaine.

N° 31.

Vente de Biens Nationaux.

Six Frimaire an Sept. — Première Criée.

15 du même mois, Vente définitive.

MONTAUBAN. — La métairie du Bosque, en la commune de Montauban, ensemble les bâtiments, terres et héritages en dépendant, provenant de l'émigration de Boishamon fils, ainsi qu'il résulte du partage passé le 21 floréal dernier, et produisant un revenu de 190 fr., y compris les charges.

Mise à prix. . . . . . . 1,520 fr.

IFFENDIC. — La métairie de la Landesière, en la commune d'Iffendic, consistant en bâtiments, terres, prés et héritages en dépendant, provenant de la même émigration, suivant le partage dudit jour, 21 floréal, produisant un revenu de 240 fr., y compris les charges, suivant le bail du 21 juillet 1789.

Mise à prix. . . . . . . 1,920 fr.

Id. — Deux pièces de terre contenant ensemble 5 jours, en la même commune, affermées à Alexis Bougault, dudit lieu, échues par la même émigration, et plus détaillées audit partage, ainsi qu'au bail du 4 avril 1792, qui en porte le revenu à 60 fr.

Mise à prix. . . . . . 480 fr.

MONTAUBAN. — Le clos de Derrière et la pièce du Fresche, dépendant de la métairie de Lanoë, en la commune de Montauban, contenant en totalité 2 journaux, provenant de la même émigration, ainsi qu'il résulte du même partage, qui en porte le revenu à 26 fr.

Mise à prix. . . . . . 208 fr.

BRETEIL. — Un petit patis, contenant un seizième de journal, une prairie contenant dix journées de fauche, le tout faisant une dépendance de la métairie de la Corbinais, en la commune de Breteil, échus à la République par l'émigration de Bois-Hamon fils, suivant le partage du 3 messidor dernier, qui en porte le revenu à 471 fr.

Mise à prix. . . . . . 3,768 fr.

N° 5.

ARMÉES ROYALES DE BRETAGNE.

AU NOM DU ROI.

Nous, maréchal de camp, chef de l'état-major des armées royales, commissaire extraordinaire du Roi, adjoint, pour les départements de la Bretagne,

En l'absence de M. le comte de Marigny, lieutenant général, grand-croix de l'ordre royal et militaire de Saint-Louis, premier commissaire extraordinaire du Roi;

Prenant en considération la valeur, la bonne conduite et le dévouement au Roi de M. Henri DU BOISHAMON, ancien lieutenant-colonel de l'armée royale, né à Montauban (Ille-et-Vilaine), le 4 mai 1776, lequel a servi le Roi depuis 1791, tant à l'armée des princes français qu'aux armées royales de Bretagne, où il s'est particulièrement distingué,

L'avons nommé colonel commandant la sixième légion d'Ille-et-Vilaine (ancienne division de Médréac).

Ordonnons à toutes les autorités militaires de le reconnaître et faire reconnaître en cette qualité.

Fait à Saint-Jean de Brevelay (Morbihan), le 26 mars 1815.

Signé : Le marquis de LA BOESSIÈRE.

N° 6.

M. Levot, bibliothécaire à Brest, qui, dans sa *Biographie Bretonne*, avait publié une notice sur Henri du Boishamon, reçut en 1851 ce qui suit :

« Monsieur,

» L'année dernière, à pareil jour, je voulais vous adres- » ser des observations sur l'article biographique concer- » nant M. du Boishamon, Henri-Marie, inséré dans la » deuxième livraison de la *Biographie Bretonne*. La date » du 13 juillet est pour moi si remarquable qu'à chaque » anniversaire elle me rappelle des circonstances de toute » nature, et parmi les plus dangereuses, je citerai celle du » 13 juillet 1815, jour du combat sur le pont, près de St- » Jouan-de-l'Isle (Côtes-du-Nord). Je faisais partie d'un » détachement de militaires isolés, commandé par M. de » Poinchevalle, major du 86ᵉ régiment de ligne. J'étais » alors capitaine - adjudant - major au 47ᵉ de ligne. Je » venais de Marseille, j'allais rejoindre à Brest.

» Pendant les derniers jours du mois de juin, on avait » retenu à Rennes les militaires isolés et les marins » appartenant aux corps stationnés à Brest, et le 13 juil- » let, quoique le détachement ne fût que de cent vingt » hommes environ, le général commandant sur les lieux » l'avait fait partir sous les ordres de M. de Poinchevalle, » et défense expresse avait été faite de faire aucune » agression, puisque le Roi Louis XVIII était rentré à » Paris. Comme adjudant-major du détachement, j'ai fait » établir dans la journée du 12 toutes les pièces néces- » saires à cette troupe pour se rendre à Saint-Brieuc. » Elles étaient timbrées, il est vrai, des mots : *Empire* » *Français*, les nouvelles autorités ne fonctionnaient pas » encore à Rennes.

» Le 13 juillet, de grand matin, la colonne, ayant en tête » quelques marins, et composée de soldats des 15e, 47e et » 86e de ligne, s'est rendue à Montauban. Là, les autori- » tés ont donné avis au commandant que, le soir même, » une division royaliste devait y venir loger, et qu'il était » prudent, dans un moment d'une aussi grande exaspé- » ration, d'éviter toute rencontre ; qu'il convenait de » doubler l'étape et d'aller coucher à Broons, où des com- » pagnies du 15e de ligne tenaient encore pour l'Empe- » reur. M. de Poinchevalle, avec ce tact d'un militaire » expérimenté (je l'avais connu comme chef de bataillon » au 36e de ligne, en Espagne), répondit qu'il mettrait cet » avis à exécution pour éviter toute collision, mais qu'il » était indispensable de donner un rafraîchissement à sa » troupe, pour pouvoir continuer sa route, car la chaleur » était excessive et la distance à parcourir fort grande.

» Il était deux heures de l'après-midi, lorsque nous » partîmes pour Broons. Notre avant-garde, composée » de marins, a été attaquée un peu avant d'arriver à la » descente qui conduit au pont de Saint-Jouan ; elle a » riposté par quelques coups de fusil ; le détachement a » été formé aussitôt sur trois rangs en colonne, par pelo- » tons, au nombre de quatre, la baïonnette au canon et » l'arme au bras ; il a continué ainsi sa route sans tirer. » Mais, en arrivant dans le vallon, nous vîmes, aux envi- » rons de Saint-Jouan, et le long du rideau qui couronne » cette position, la division royaliste qui nous attendait. » Ce fut un coup de théâtre. « — Allons à eux, sans tirer, » dit M. le major, on nous prendra ; il n'y a pas moyen » de se défendre contre un aussi grand nombre de » troupes (vingt contre un). »

» Comme nous approchions du pont, une nuée de tirail- » leurs, partie de chaque position de cette troupe, a fait » feu sur nous de toutes parts ; d'autres ennemis (il faut

» bien les appeler ainsi) nous attaquèrent par derrière. Ce » qui se passa sur le pont même, pendant un quart » d'heure, est effroyable, surtout lorsque l'on pense que » c'étaient des Français qui se battaient entr'eux, sans » motif, comme sans but. Ce pêle-mêle nous sauva, car » les balles des royalistes qui tombaient sur le pont frap- » paient indistinctement. *Cessez le feu ! cessez le feu !* fut le » cri de tout le monde.

» Je m'avançai de quelques pas vers un chef qui venait » d'arriver ; il était en habit marron, et il portait un bras- » sard blanc ; il était à cheval ; je lui dis que le comman- » dant demandait à continuer sa route pour se rendre à » Broons. — Eh bien ! dit-il, qu'il fasse déposer les armes. » — On va faire former les faisceaux, répondis-je. — Que » l'on crie : *Vive le Roi* ! — Soit ! *Vive le Roi* ! — Et votre » cocarde tricolore qui paraît sous la coiffe verte qui » recouvre votre shacko. — Je vais l'ôter. — C'est ce que » je fis : ce sont les seuls mots qui ont été échangés.

» Notre troupe, ainsi désarmée, a passé sous les four- » ches caudines en montant la côte de Saint-Jouan et en » défilant entre deux haies de paysans armés. Après avoir » dépassé le village, et après une heure d'attente, M. le » major a reçu l'autorisation, par écrit, de continuer sa » route. Nous sommes arrivés à Broons à dix heures du » soir ; des vivres nous attendaient, préparés par les soins » du 15e de ligne. Nous étions exténués de faim, de soif, » de fatigue et de chaleur. Pendant toute la nuit nous » avons crié : *Vive l'Empereur !*

» Si vous comparez ce récit, que je répète en moi-même » depuis trente-six ans, à pareil jour, vous verrez qu'il » diffère totalement de ce que vous dites dans l'article » biographique sur M. du Boishamon.

» Et d'abord on y lit : « *Le corps, fort de dix-huit cents » hommes, livra, à forces égales, à un corps composé de... et » fit prisonnier le major du 86e régiment, dix-huit officiers*

» *et quatre-vingt-seize soldats.* » Notre petite colonne ne » comptait que cent vingt hommes environ au départ, le » fait est incontestable, car toute la garnison à Rennes » n'était pas forte de dix-huit cents hommes; c'était un » détachement, comme je l'ai déjà dit, de militaires isolés » appartenant à des corps qui étaient en Basse-Bretagne. » Sous le rapport stratégique, dix-huit cents hommes bien » armés, bien commandés, n'auraient pas hésité à attaquer dix-huit cents paysans mal armés, à peine organisés, et à les mettre en déroute; l'erreur est tellement » évidente que le bon sens en fait justice.

» *La totalité* de notre colonne a été faite prisonnière, » c'est-à-dire qu'elle s'est rendue après avoir été décimée, » sans se défendre et sans sommation préalable. D'ailleurs, elle ne devait pas faire la guerre, puisque la paix » était faite par suite de la rentrée du Roi dans la capitale, et qu'elle exécutait l'ordre de se rendre à Brest par » la ligne d'étape.

» La conversation de M. du Boishamon avec M. de » Poinchevalle n'a pas eu lieu. Le premier aurait dit: » *Si nous fussions tombés entre vos mains, comme vous êtes* » *tombés entre les nôtres, vous nous eussiez probablement fait* » *fusiller,* » et le major aurait répondu: *Sans aucun doute.* »

» Comment supposer que M. Poinchevalle, qui était » entouré d'ennemis, couvert du sang de ses soldats, » lâchement égorgés, ait répondu ces mots fanfarons: » *Sans aucun doute*, et attiré ainsi sur lui-même et les » siens une destruction complète? On en a fait injustement » un monstre contre nature pour grandir son adversaire!

» Veuillez agréer, etc.

» *Le Sous-Intendant militaire en retraite,*
ex-capitaine adjudant-major au 47e,
» CIGLINTTI,
» *officier de la Légion-d'Honneur et Chevalier de St-Louis.* »

Nantes, le 13 juillet 1851.

RÉPONSE.

Dans la lettre ci-dessus, un seul point est vrai : c'est la négation du chiffre de dix-huit cents hommes, attribué à la division royaliste, à Saint-Jouan. Dans la note qui avait servi à la rédaction de l'article biographique incriminé, on avait dit que la division commandée par M. du Boishamon et qui, *plus tard*, était devenue forte de dix-huit cents hommes, quand, après les Cent-Jours, elle était demeurée en permanence et avait été convertie en légion de garde nationale embrassant tout l'arrondissement de Montfort, avait battu, le 3 juillet 1815, à *forces égales*, un détachement impérialiste. Mais c'est par erreur qu'on a attribué aux belligérants du 3 juillet dix-huit cents hommes de chaque côté.

Tous les manuscrits des chefs royalistes, et le cinquième volume des *Guerres de l'Ouest*, imprimé avant *la Biographie Bretonne*, assigne, page 515, cent vingt hommes aux impériaux et cent hommes aux royalistes. L'erreur justement relevée par M. Ciglintti, qui en commet pourtant une fort grosse lui-même, en voyant les royalistes *vingt contre un*, provient uniquement d'une confusion d'époque, par mots transposés.

Pour le reste, la lettre de M. Ciglintti n'est qu'un tissu d'inexactitudes. Deux choses suffiront pour prouver combien ses souvenirs sont fautifs.

Le combat de Saint-Jouan était le *3 juillet*, et non *le 13 juillet* 1815.

Le chef qui s'avança vers lui était en *habit marron*. Soit ! Mais *à cheval* ! Non.

Les impérialistes ne *furent point égorgés lâchement*. Il y avait combat, et c'étaient eux qui l'avaient engagé, aux cris de : Vive l'Empereur ! sur la hauteur et au détour de la route où ils avaient rencontré l'avant-garde royaliste. Il n'y eut à tirer sur eux que cette avant-garde, qui les poursuivit, après s'être reformée et après avoir perdu plusieurs hommes, entre autres le chirurgien-major Guezille. Puisque les impériaux avaient commencé le feu, pourquoi ne faisaient-ils pas volte-face pour le continuer, au lieu de tourner le dos ?

Le gros de la division royaliste, embusqué en avant du pont de Saint-Jouan, ne tira pas un seul coup de fusil, quoique, par trahison, après avoir capitulé, les impériaux eussent cassé, d'un coup de feu, une cuisse au lieutenant-colonel Gabillard, et tiré deux coups de fusil, dont les balles frappèrent le bout d'un des souliers de Henri du Boishamon, au moment où celui-ci s'avançait pour parler au commandant ennemi.

Il put fort bien d'abord parler à M. Ciglintti, mais il eut *conversation* avec le major du 86ᵉ.

Par suite des dénégations de M. Ciglintti à cet égard, les enfants de M. du Boishamon, interpellés par l'auteur de *la Biographie Bretonne*, consultèrent deux acteurs du combat du 3 juillet 1815, MM. Louis Le Tulle, ancien chirurgien-major dans la garde royale, et M. Boscher de La Corbinière, conservateur des hypothèques, lesquels attestèrent avoir entendu tout ce qui est rapporté dans *la Biographie Bretonne*, de la conversation entre le chef royaliste et le major du 86ᵉ.

M. Théodore Muret la rapporte textuellement de la même manière. Il la tenait de témoins oculaires. (Voir le cinquième volume des *Guerres de l'Ouest.*)

On n'a donc voulu ni grandir ni abaisser personne. On a dit la vérité.

Il pouvait être fâcheux que des Français se battissent entre eux, mais les impérialistes avaient commencé. Les doléances patriotiques de la lettre sont donc sans intérêt. On avait donné des ordres pour que les impériaux ne fissent aucune agression. Mais à Montauban ils maltraitèrent les femmes et parents de ceux qui étaient dans les rangs royalistes. La répression de ces désordres, tel avait été *le but* et *le motif* de la marche forcée des royalistes sur Saint-Jouan, pour y donner une leçon aux auteurs de ces désordres. La leçon fut bien donnée, au dire de M. Ciglintti lui-même, qui, après trente-six ans, en faisait encore son deuil.

N° 7.

ARMÉE ROYALE DE BRETAGNE.

Légion de Vitré.

Nous, soussigné, colonel commandant ladite légion, Chevalier de l'Ordre militaire de Saint-Louis, certifions que Monsieur Henri-Marie du Boishamon, natif de Montauban, département d'Ille-et-Vilaine, fut envoyé, lors de l'expédition de Quiberon, en 1795, dans ledit corps, par Monsieur le comte de Puisaye, général en chef, pour y prendre le commandement du canton d'Izé, en qualité de chef de bataillon dudit canton ; que ledit sieur Du Boishamon fut breveté lieutenant-colonel au mois de mars 1796, par le Conseil Général de l'Armée Royale, lequel était autorisé par S. A. R. MONSIEUR, frère du Roi ; qu'il a fait dans la légion de Vitré les campagnes de 1795-1796.

Attestons, en outre, qu'il a toujours servi avec honneur et singulièrement contribué à donner à la légion de Vitré cette bonne organisation et cette instruction qui la firent sortir victorieuse de tant de combats glorieux pendant les susdites campagnes, pour la défense du trône. Cet officier a contribué au gain de plusieurs combats et acquis beaucoup de gloire dans plusieurs actions, particulièrement au combat près Domalain, où, les royalistes ayant été surpris, il repoussa avec quelques hommes un bataillon tout entier, et au combat de la lande de Toucheneau, entre Vitré et la Guerche, où il soutint pendant une demi-heure, avec deux cents hommes, sans perdre de terrain, l'effort de quinze cents républicains et donna le temps à la légion de Vitré de les tourner et de remporter une victoire complète. Nul n'est plus digne de la bienveillance de Sa Majesté que cet officier distingué qui, par son dévoûment et son activité, mérite depuis longtemps d'obtenir la croix de l'Ordre royal et militaire de Saint-Louis, qui lui est si justement due.

Fait à Rennes, le 22 novembre 1815.

Signé : Du Bouays de Couësbouc,
Colonel, Chef de Division,
Chevalier de l'Ordre militaire de Saint-Louis.

N° 8.

Paris, le 14 janvier 1816.

En réponse à la demande que vous me faites, j'ai l'honneur de vous annoncer, Monsieur, que je vous ai porté, sous le N° d'Enregistrement 574, sur l'Etat N° 22, que j'ai envoyé le 10 de ce mois à S. Ex. le Ministre de la Guerre, et vous ai proposé pour la confirmation de votre grade de Major, Lieutenant-Colonel de mil sept cent quatre-vingt-seize.

Recevez l'assurance de la parfaite considération avec laquelle j'ai l'honneur d'être, Monsieur,

Votre très humble et très obéissant serviteur.

Signé : Le prince Louis de La Trémoille.

A Monsieur Du Boishamon (Henri-Marie), officier à l'Armée Royale de Rennes et de Fougères.

N° 9.

LETTRE DE M. LE COMTE DE VIOMENIL,

Lieutenant-Général
commandant la 13e division, depuis Maréchal de France.

Rennes, le 9 juillet 1816.

Monsieur,

J'ai reçu la lettre que vous m'avez fait l'honneur de m'écrire le 2 de ce mois, pour me témoigner votre mécontentement sur l'injustice que vous a fait éprouver la Commission présidée par M. de Beurnonville, en statuant au Ministre de la guerre que vos états de services ne vous rendaient susceptible que du grade de capitaine.

Comme je me propose de faire incessamment un voyage à Paris, j'y verrai M. de Beurnonville, ainsi que les membres de la Commission, et vous pouvez être sûr, Monsieur, que je ferai près d'eux tout ce qui dépendra de moi pour faire valoir vos bons et honorables services et pour qu'ils leur rendent la justice qui leur est due.

J'ai l'honneur d'être, avec la plus respectueuse considération, Monsieur,

Votre très humble et très obéissant serviteur.

Signé : Le Comte DE VIOMENIL.

Protestation du Général Marquis de La Boëssière.

M. du Boishamon (Henry), élève d'artillerie en 1790, émigré en 1791, fit la campagne de 1792, deux autres campagnes comme volontaire dans les armées des alliés, et, depuis l'affaire de Quiberon, a servi constamment dans l'armée royale de Bretagne, où il ne s'est pas tiré un coup de fusil sans qu'il en ait été. Dès 1795, il remplit les fonctions de lieutenant-colonel dans la division de Vitré, une des plus nombreuses et des plus valeureuses qui aient été mises sur pied en Bretagne dans les premières guerres. Il fut breveté de ce grade en 1796. En 1815, il a été le premier auquel j'aie donné des pouvoirs pour lever une légion avec le grade de colonel, sur le vœu général du pays. L'attachement que l'arrondissement de Montfort (Ille-et-Vilaine) lui témoignait, et l'affection qu'il lui rendait, ont été causes que je ne l'ai pas porté au commandement du département tout entier, lorsque M. de Floirac et moi y nommâmes M. de Trégomain, après que nous eûmes su que M. du Plessix de Grénédan ne pouvait s'en charger dans le moment.

La légion de M. du Boishamon a été portée à trois bataillons, quoiqu'environ sept cents hommes seulement aient fait le coup de fusil, les levées s'étant prolongées quelque temps après la cessation des hostilités. Elle a eu trois affaires dans la campagne, dont une très brillante à Saint-Jouan-de-l'Isle, où elle fit quatre-vingt-seize prisonniers de troupes de ligne. La perte dans la campagne a été d'environ quarante blessés et vingt tués. M. du Boishamon a déployé les talents d'un excellent chef; nulle autre légion, dans l'armée royale, dans toute l'étendue de la Bretagne, n'a égalé celle-là pour la discipline et l'ordre dans tous les genres. Il a rendu les comptes les plus clairs et les mieux rédigés ; il n'a pas laissé un sou à payer au Gouvernement pour réquisitions ou autres dépenses. Toute la campagne s'est faite aux frais de M. du Boishamon et de ses amis, qui, à la reddition des comptes, ont fait au Roi la remise de tous leurs déboursés. M. du Boishamon avait un corps d'officiers parfaitement composé. Le désir de servir sous ses ordres avait rallié à lui une foule de jeunes gens dont il avait fait une compagnie d'élite. Il avait, en officiers, de quoi organiser six bataillons. Une légion, que devait commander M. de Pontual, et qui a été organisée en hommes, mais n'a pu servir activement, faute d'armes, s'est fondue dans celle de M. du Boishamon et a augmenté ses cadres d'officiers. Il en était l'idole, et je ne crois pas qu'il y ait quelqu'un en Bretagne pour lequel un oubli ou peu d'égards de la part du Gouvernement aient fait une sensation pénible plus généralement sentie que l'injustice dont on veut faire M. du Boishamon la victime. Il est, sans contredit, l'homme que je choisirais sans hésiter pour être mon second et pour me remplacer éventuellement, dans le cas d'événements qui obligeraient encore à mettre la Bretagne sous les armes, quelque étendu que fût le rôle que je devrais y jouer. Si M. du Boishamon n'a pas eu la croix de Saint-Louis plus tôt, il ne faut l'attribuer qu'à l'extrême modestie qu'il joint à ses autres qualités et qui toujours le fait s'oublier pour ne s'occuper que des autres.

Je n'ai cessé de le représenter comme l'homme qui réunissait le plus la sagesse à la capacité, l'influence locale au dévouement. C'est à lui que M. le comte de Viomenil allait confier le commandement des gardes mobilisées des départements d'Ille-et-Vilaine, des Côtes-du-Nord et du Finistère, lorsque cette mesure a été remplacée par l'envoi de quatre légions en Bretagne.

Ce choix était excellent.

Je n'ai cessé de conjurer d'employer M. du Boishamon en Bretagne comme l'homme qui, éventuellement, pouvait y rendre les services les plus importants ; mais j'ai constamment demandé qu'il le fût d'une manière qui récompensât ses excellents services et qui satisfît l'attente d'un public qui l'apprécie, l'aime et l'estime.

Le rang de capitaine tromperait toutes les attentes et rabaisserait M. du Boishamon au-dessous d'une foule d'officiers qui ont servi sous ses ordres dans les différentes guerres, et ont le rang d'officiers supérieurs.

Je ne peux que supplier Messieurs les membres de la Commission de prendre en considération cet exposé extrêmement vrai sur un des officiers les plus distingués de la Bretagne, qui n'est pas allé lui-même solliciter, mais qui est resté constamment en Bretagne, où il ne cesse de rendre, par l'organisation de la garde nationale, les services les plus actifs, les plus désintéressés et les plus efficaces.

Signé :

Le Maréchal de camp, Marquis DE LA BOËSSIÈRE.

9 février 1816.

RECOMMANDATION
DE
M. LE PREMIER PRÉSIDENT DE LA COUR ROYALE
DE RENNES.

Je déclare parfaitement connaître Monsieur Henri du Boishamon, et que son excellente conduite, son zèle pour la cause royale et ses bonnes qualités le rendent, sous tous les rapports, très digne de la bienveillance et de l'intérêt de Son Excellence le Ministre de la guerre.

Rennes, ce 16 février 1816.

Signé : DU PONT DES LOGES,
Premier Président de la Cour Royale de Rennes et Député du département d'Ille-et-Vilaine.

RECOMMANDATION
DU
PRÉFET D'ILLE-&-VILAINE

Le Préfet d'Ille-et-Vilaine a l'honneur de recommander particulièrement à la bienveillance de S. Ex. le Ministre de la Guerre M. du Boishamon. Son dévouement au Roi égale sa sagesse, et il ne peut être qu'extrêmement utile au service du Roi d'employer de tels officiers.

Rennes, ce 16 février 1816.

Signé : Cte D'ALLONVILLE.

RECOMMANDATION
DE
M. LE LIEUTENANT-GÉNÉRAL COMTE DE VIOMENIL
commandant la 13e Division Militaire.

J'ai déjà eu l'honneur de demander à Son Excellence le Ministre de la Guerre le commandement de l'île de Groaix pour M. Henri du Boishamon, qui a servi avec distinction dans l'émigration, ainsi que dans l'armée royale de Bretagne. Je désire instamment que cette grâce lui soit accordée.

Février 1816.

Signé : LE Cte DE VIOMENIL.

RECOMMANDATION DU V[TE] DE CHATEAUBRIAND

J'ai l'honneur de recommander vivement à Monsieur le duc de Feltre mon neveu, Henri du Boishamon.

Février 1816.

Signé : Le Vte DE CHATEAUBRIAND.

Nous, soussignés, officiers et gentilshommes bretons, ayant émigré pour la cause du Roi en 1791, certifions que M. Henri du Boishamon, natif de Montauban, département d'Ille-et-Vilaine, émigra au mois de septembre 1791 et entra dans l'infanterie du corps de la noblesse de Bretagne, réunie à Witlich (électorat de Trèves), qu'il a fait la campagne de 1792, à l'armée des princes, et celles de 1793 et 1794, aux armées alliées.

Attestons, en outre, qu'il est à notre connaissance que ledit sieur du Boishamon entra, au mois d'octobre 1795, dans le cadre d'officiers réuni à Guernesey, commandé par M. le comte d'Olliamson, dans lequel il a servi jusqu'à l'époque de l'expédition de Quiberon, époque à laquelle il passa en France.

En foi de quoi nous lui avons délivré le présent, pour lui servir et valoir au besoin.

Fait à Rennes, le 22 novembre 1815.

Signé : DE PONTUAL, chevalier de St Louis; DE BEDÉE, chevalier de St-Louis; DU PLESSIS DE GRÉNÉDAN, chevalier de St-Louis, colonel commandant la garde nationale de Rennes; DUBOUAYS DE COUESBOUC, chevalier de St-Louis; DE LA VILLEBRUNE, conseiller de préfecture; le chevalier de BOTHEREL, chef de bataillon de la 6me légion royale.

Pour attestation des signatures et qualités,

Le Maréchal de camp,
commandant le département d'Ille-et-Vilaine,
Signé : Marquis DE LA BOËSSIÈRE.

Mézières, le 6 mai 1816.

Nous, maréchal du camp, commandant le département des Ardennes, ancien général de l'armée royale de Rennes et Fougères, certifions que M. du Boishamon, Henri-Marie, ancien émigré, joignit notre armée au mois de septembre 1795, après les désastres de Quiberon; qu'il a servi dans la division de Vitré, comme chef du canton d'Izé, avec le rang de lieutenant-colonel, dont il reçut le brevet, jusqu'au moment de la pacification de 1796

M. du Boishamon est un des officiers de l'armée qui se

soit le plus distingué par ses talents, son dévouement à la cause royale, son intrépidité et sa conduite, à laquelle on ne peut donner trop d'éloges. M. du Boishamon est toujours resté inébranlable dans ses principes et a saisi avec empressement toutes les occasions de donner de nouvelles preuves de fidélité à son roi légitime. Il est porté sur le tableau de l'armée que j'ai remis au prince de La Trémoille.

Signé : PICQUET DU BOISGUY,
Maréchal de camp, chevalier de Saint-Louis, commandant le département des Ardennes.

Nous, Maréchal de camp, commandant le département d'Ille-et-Vilaine, ex-commissaire extraordinaire du Roi, adjoint dans les départements de la Bretagne, et major-général des armées royales de cette province, certifions que M. Henri du Boishamon a été nommé et breveté par nous colonel de la 6me légion royale d'Ille-et-Vilaine, à la tête de laquelle il a fait la campagne de 1815.

Dans cette campagne, M. du Boishamon a montré beaucoup de tête et de bravoure, et a soutenu la réputation qu'il s'était acquise dans les guerres précédentes. L'ordre qui a caractérisé l'administration de son corps a prouvé qu'il n'est étranger à aucune des branches du service militaire. L'affection de ses subordonnés et l'estime générale sont le juste résultat de sa conduite, dont je me plais à rendre ce témoignage, qu'aucune voix ne démentira.

Rennes, le 22 octobre 1815.

Signé :

Le Maréchal de camp, Marquis DE LA BOËSSIÈRE.

N° 10.

LOUIS, par la grâce de Dieu, roi de France et de Navarre,

Prenant une entière confiance dans les talents, la valeur, la bonne conduite, et dans la fidélité et l'affection à notre service du sieur Henri-Marie du Boishamon, officier des armées royales de l'intérieur,

Lui avons conféré et conférons le grade de chef de bataillon, pour tenir rang du premier janvier mil huit cent.

Mandons à nos officiers généraux et autres, à qui il appartiendra, de le reconnaître et faire reconnaître en cette qualité.

Donné à Paris, le 25 décembre 1816.

Signé : LOUIS.

Par le Roi :

Le Ministre Secrétaire d'Etat de la Guerre,

Signé : Maréchal Duc DE FELTRE.

N° 11.

MINISTÈRE
DE LA GUERRE

2me Division.

BUREAU
DE
L'INFANTERIE

Le Ministre, Secrétaire d'Etat au département de la guerre, prévient M. du Boishamon, chef de bataillon des armées royales de l'intérieur, que le Roi, prenant une entière confiance dans sa fidélité et son dévouement à sa personne, l'a nommé, par décision du 5 août 1877,

A un emploi de chef de bataillon au 3me bataillon de la légion du département de la Somme, à Saint-Malo.

Paris, le 16 août 1817.

Signé : Le Maréchal Duc DE FELTRE.

A M. du Boishamon (Ille-et-Vilaine), 13me Division.

N° 12.

MINISTÈRE
DE LA GUERRE

1re Direction.

BUREAU
DE
L'INFANTERIE

SECTION DU PERSONNEL

Le Ministre, Secrétaire d'Etat au département de la guerre, ordonne, sous l'autorisation du Roi, à M. du Boishamon (Henry-Marie), chef de bataillon à la légion de la Somme, de passer à celle de l'Oise, pour y occuper un emploi de son grade, en remplacement de M. Cavaignac, qui permute avec lui.

Il rejoindra sur-le-champ cette légion à Paris.

Des ordres sont donnés pour que, à son arrivée, il soit reçu dans ledit emploi, où il prendra rang du 26 décembre 1816.

Paris, le 2 juin 1819.

Signé : GOUVION SAINT-CYR.

A M. du Boishamon, chef de bataillon à la légion de la Somme, à Montauban (Ille-et-Vilaine), 13me Division.

NOTA. — Dans *la Biographie Bretonne*, il a été dit que le Cavaignac avec lequel s'était faite la permutation ci-dessus était le général, chef du pouvoir exécutif en 1848 : c'est une erreur ; il s'agissait d'un oncle qui, depuis aussi, est mort général.

N° 13.

MINISTÈRE
DE LA GUERRE

1re Direction.

BUREAU
DE
L'INFANTERIE

SECTION DU PERSONNEL

DÉMISSION

Le Ministre, Secrétaire d'Etat au département de la guerre, accepte, sous l'autorisation du Roi, la démission offerte par M. du Boishamon, Henri, chef de bataillon de la légion de l'Oise,

Et permet à cet officier de se retirer dans ses foyers, comme dégagé de tout service militaire et n'appartenant plus, à dater de ce jour, au département de la guerre.

Paris, le 20 juin 1819.

En l'absence du Maréchal Gouvion Saint-Cyr :

Le Président du Conseil des Ministres,

Signé : Le Marquis DESSOLES.

N° 14.

Rennes, le 2 novembre 1817.

Monsieur l'Inspecteur,

Je suis chargé de vous prévenir que S. A. R. Monseigneur le duc d'Angoulême vous a désigné pour avoir l'honneur de dîner aujourd'hui, à 6 heures précises, à l'hôtel de la Préfecture.

J'ai l'honneur d'être, avec une considération très distinguée,

Monsieur l'Inspecteur,

Votre très humble et très obéissant serviteur.

Pour le Préfet, et par son ordre,

Le Conseiller de Préfecture, Secrétaire Général,

Signé : DE LA VILLEBRUNE.

R. S. V. P.

M. du Boishamon, Inspecteur des Gardes Nationales, Montfort.

N° 15.

GARDES NATIONALES

INSPECTION DU Département d'Ille-et-Vilaine

N° 118

Première Section.

Rennes, le 3 avril 1818.

L'Inspecteur des Gardes Nationales du département d'Ille-et-Vilaine

A M. du Boishamon.

Monsieur le Colonel,

Son Altesse Royale, le Prince Colonel Général, a chargé le Général-Inspecteur, par sa lettre du 24 mars dernier, de vous témoigner sa satisfaction de la manière dont vous remplissez les fonctions qu'elle vous a confiées, de commandant des gardes nationales de l'arrondissement de Montfort.

Monsieur se réserve de le faire lui-même, dans une lettre particulière, aussitôt que la garde nationale aura reçu son organisation définitive.

J'ai l'honneur, etc.

Signé : Le Chevalier DE LA VILLARMOIS,

Chef de l'Etat-Major,

en l'absence du Général-Inspecteur.

N° 15 *bis.*

Rennes, le 12 octobre 1818.

Monsieur le Sous-Inspecteur,

Sa Majesté, par son ordonnance du 30 septembre dernier, vient de remettre la garde nationale sous l'empire des lois qui la ramènent à son institution municipale.

Vos fonctions cessent par cela même. Mais Sa Majesté s'est plu à donner particulièrement à MM. les Chefs dont cette ordonnance supprime les pouvoirs le témoignage de sa satisfaction pour leurs bons et loyaux services.

M. le Ministre de l'Intérieur me charge, Monsieur, de vous adresser les éloges dus au zèle que vous avez constamment montré pour le service du Roi, dans l'honorable poste qui vous était confié. A côté des regrets que votre retraite me fait personnellement éprouver, il m'est doux de vous reporter l'expression de la bienveillance de Sa Majesté et de la satisfaction du Gouvernement.

Je sais, Monsieur, que l'amour du Roi a dirigé tous vos pas, dicté toutes vos démarches, et que le dévouement avec lequel vous avez constamment occupé le poste où Sa Majesté vous avait placé avait chaque jour justifié cet honorable choix.

L'hommage que le Gouvernement vous adresse par mon organe sera un nouveau garant de votre zèle partout où le service du Roi vous appellera.

J'ai l'honneur d'être, etc.

Le Préfet d'Ille-et-Vilaine,

Signé : DE LA VILLEGONTIER.

Montauban, le 24 novembre 1818.

A M. le Colonel du Boishamon.

Monsieur,

Absent à l'époque où vous fîtes connaître aux officiers du bataillon de Montauban les dispositions de l'ordonnance du 30 septembre, je ne pus me réunir à eux pour vous exprimer mes regrets.

Veuillez donc bien, je vous prie, en recevoir aujourd'hui l'assurance et vous persuader que, comme mes camarades, je n'oublierai jamais vos bons procédés, ni la bienveillance que vous n'avez cessé d'accorder à tous vos subordonnés et qui vous a acquis des droits si mérités à leur reconnaissance.

C'est dans ces sentiments que j'ai l'honneur d'être, avec un respectueux attachement,

Monsieur le colonel,

Votre très humble et très obéissant serviteur.

Signé : ESCOLAN.

Mon Colonel,

L'ordonnance du Roi qui supprime votre commandement n'a rien changé à l'estime, au respect et à l'attachement que vous m'avez inspirés. Partageant avec mes camarades tous les regrets que vous méritez, veuillez bien, mon Colonel, me regarder comme un des plus sensibles à la perte que j'éprouve en cessant d'être sous vos ordres. Je n'oublierai jamais toutes vos bonnes intentions et ce que vous avez désiré faire pour moi.

Agréez les sentiments de ma reconnaissance et du profond respect que je conserverai et avec lequel j'ai l'honneur d'être,

Mon Colonel,

Votre très humble et très obéissant serviteur.

Signé : SERULLAZ.

Montauban, le 24 novembre 1818.

Montfort, le 22 novembre 1818.

Monsieur,

Aussitôt la réception de votre lettre du 17 octobre dernier, nº 44, je me suis empressé d'en adresser des copies aux commandants des gardes nationales des communes de ce canton, avec invitation d'en donner lecture à la première occasion.

Je suis flatté, Monsieur, de pouvoir vous apprendre que tous les officiers, sous-officiers et gardes nationaux ont partagé avec moi et avec les officiers de l'état-major les regrets bien sincères de cesser d'être sous les ordres d'un chef aussi distingué, et de vous exprimer, en leur nom et au mien, les sentiments de respectueux et durable attachement que vous avez inspirés.

J'ai l'honneur d'être, avec respect, votre très humble et très obéissant serviteur.

Signé : LEBRETON.

Nos 16 *et* 17.

Paris, le 4 mars 1824.

MINISTÈRE
DE
L'INTÉRIEUR

CABINET

Monsieur, j'ai reçu la lettre par laquelle vous m'avez annoncé l'heureuse issue des opérations du collége d'arrondissement de Ploërmel. Ce succès ajoute aux preuves que j'avais déjà de votre dévouement et de votre zèle.

Recevez, Monsieur, l'assurance de ma considération distinguée.

Le Ministre de l'Intérieur,
Signé : CORBIÈRE.

Paris, le 19 mai 1825.

Monsieur, le Roi, par ordonnance de ce jour, a daigné vous nommer chevalier de l'ordre royal de la Légion-d'Honneur. Je suis heureux d'avoir à vous faire connaître ce témoignage de la satisfaction de Sa Majesté pour vos services et votre dévouement à sa personne.

Signé : CORBIÈRE.

Paris, 24 mai 1826.

Monsieur, le Roi, par ordonnance de ce jour, a daigné vous appeler à la sous-préfecture de Saint-Malo (Ille-et-Vilaine).

Vous trouverez dans un avancement aussi honorable un nouveau témoignage de la confiance de Sa Majesté, et de satisfaction pour vos services. Ce sera pour vous, je n'en doute pas, un motif de redoubler de zèle, afin de mériter la continuation de cette auguste bienveillance.

Le Ministre de l'Intérieur,
Signé : CORBIÈRE.

PRÉFECTURE DU MORBIHAN

AU MINISTRE
DE
L'INTÉRIEUR

Vannes, le 18 mai 1826.

Monseigneur,

Je viens de recevoir ampliation de l'ordonnance du Roi qui nomme M. de Barrère aux fonctions de sous-préfet de Ploërmel, en remplacement de M. du Boishamon.

La voix publique m'avait appris, il y a déjà quelque temps, la nomination de celui-ci à Saint-Malo, et, si je n'ai pas écrit immédiatement à Votre Excellence pour lui demander comme une faveur de conserver M. du Boishamon à l'arrondissement de Ploërmel, c'est que j'ai dû sacrifier mon attachement personnel aux avantages qu'assure à cet excellent sous-préfet la nouvelle marque de confiance qu'il reçoit du Gouvernement.

Je ne puis cependant vous taire, Monseigneur, les regrets que son éloignement cause non-seulement à moi, mais à toute la contrée qu'il administrait avec autant de sagesse que de zèle et de dévouement. L'arrondissement de Ploërmel doit beaucoup à M. du Boishamon ; depuis environ quatre ans qu'il en est le chef administratif, il n'a cessé d'employer ses soins pour l'améliorer, et les succès ont répondu à ses efforts. Ainsi, par exemple, il est parvenu à affaiblir et à faire disparaître presque entièrement les divisions politiques, toujours plus intenses dans les petites localités ; à réformer les abus qui s'étaient introduits dans l'administration intérieure des communes ; à répandre l'instruction, en plaçant des instituteurs partout où les ressources locales en offraient la possibilité ; à introduire une meilleure méthode dans la culture des terres. Mais c'est surtout dans l'amélioration, sur tous les points de l'arrondissement, de la voirie vicinale que M. du Boishamon s'est particulièrement distingué.

Monseigneur, je devais à la justice de rendre hommage aux talents et au zèle du collaborateur que je perds et qui s'est montré si digne des bontés de Votre Excellence, ainsi que de la confiance et de l'attachement qu'il avait inspirés.

Je suis, etc.

Signé : Le comte de CHAZELLES.

CABINET
DU
MINISTRE DE L'INTÉRIEUR

Paris, le 17 juillet 1830.

J'ai appris, Monsieur le Sous-Préfet, que vous aviez puissamment aidé, de votre zèle et de vos efforts, à l'élection des députés royalistes dans le département d'Ille-et-Vilaine.

J'apprécie le dévouement dont vous avez donné de nouvelles preuves dans cette circonstance, et je m'empresse de vous en témoigner ma satisfaction.

Agréez, Monsieur le Sous-Préfet, l'assurance de ma considération distinguée.

Le Pair de France,
Ministre Secrétaire d'Etat de l'Intérieur,
Signé : DE PEYRONNET.

M. le Sous-Préfet de Saint-Malo.

N° 18.

Bordeaux, le 3 octobre 1829.

J'ai reçu de vos nouvelles avec un grand plaisir, Monsieur et ami, et regrette de ne pas trouver ici des collaborateurs tels que vous. Je ne suis point aveuglé par la fortune, contre laquelle je me tiens en garde, plutôt que de chercher à la seconder. On ne s'élève qu'aux dépens de son repos et souvent de sa réputation. La position que j'avais me suffisait de reste. Je ferai du moins tout ce qui dépendra de moi pour justifier la confiance du Roi dans le nouveau poste qu'il a remis à mon dévouement.

Si je pouvais vous être utile à quelque chose, disposez

de moi, et croyez que je serais bien heureux d'en trouver l'occasion.

Comptez, au surplus, qu'il s'est formé entre nous des liens d'attachement indissolubles désormais.

Tout à vous.

Signé : Vicomte DE CURZAY.

TABLE

Dinan : J. Bazouge, imprimeur breveté.

www.ingramcontent.com/pod-product-compliance
Ingram Content Group UK Ltd.
Pitfield, Milton Keynes, MK11 3LW, UK
UKHW022018170726
13837UKWH00001B/264

9 782329 271927